PIĘKNA KSIĄŻECZKA KUCHARSKA Z WATY CUKROWEJ

Zanurz się w 100 słodkich fantazjach z dekadenckimi rozkoszami, żywymi smakami i delikatnymi wirowaniami puszystości

Borys Zakrzewski

Prawa autorskie ©2024

Wszelkie prawa zastrzeżone

Żadna część tej książki nie może być wykorzystywana ani rozpowszechniana w jakiejkolwiek formie i w jakikolwiek sposób bez odpowiedniej pisemnej zgody wydawcy i właściciela praw autorskich, z wyjątkiem krótkich cytatów użytych w recenzji. Niniejsza książka nie powinna być traktowana jako substytut porady lekarskiej, prawnej lub innej porady zawodowej.

SPIS TREŚCI

SPIS TREŚCI **3**
WSTĘP **6**
DOMOWA WATA CUKIEROWA **7**
   1. Ręcznie wyciągana wata cukrowa 8
   2. Wata cukrowa wytwarzana maszynowo 11
ŚNIADANIE **13**
   3. Pączek z watą cukrową z polewą 14
   4. Gofry z polewą z waty cukrowej 17
   5. Parfait śniadaniowy z waty cukrowej 19
   6. Naleśnik z sufletem z waty cukrowej 21
   7. Budyń proteinowy z waty cukrowej 24
   8. Bajgiel śniadaniowy z watą cukrową 26
   9. Tosty francuskie z watą cukrową 28
   10. Rogaliki nadziewane watą cukrową 30
   11. Parfait z waty cukrowej jogurtowej 32
   12. Lody śniadaniowe 34
   13. Miska na smoothie z waty cukrowej 36
   14. Naleśniki śniadaniowe z watą cukrową 38
   15. Muffinki śniadaniowe z watą cukrową 40
   16. Mini pączki z watą cukrową 42
   17. Stos naleśników z watą cukrową 45
   18. Koktajl śniadaniowy z watą cukrową 47
   19. Tost śniadaniowy z watą cukrową 49
   20. Płatki owsiane śniadaniowe z watą cukrową 51
PRZEKĄSKI **53**
   21. Ukąszenia precla z waty cukrowej, sernika 54
   22. Popcorn z watą cukrową 56
   23. Przysmaki z waty cukrowej i ryżu Krispie 58
   24. Ciasto z watą cukrową 60
   25. Wata cukrowa S'mores 62
   26. Chow dla szczeniąt z watą cukrową 64
   27. Rogi jednorożca z waty cukrowej 66
   28. Kulki przekąskowe z waty cukrowej 68
   29. Batony Krispie z watą cukrową 70
   30. Cyrkowe ciasteczka z watą cukrową 73
   31. Pręty z waty cukrowej 76
   32. Ukąszenia energetyczne waty cukrowej 78
   33. Popsiki z watą cukrową 80
   34. Kora czekolady z waty cukrowej 82
   35. Mieszanka waty cukrowej Chex 84
   36. Batoniki z watą cukrową i granolą 86

37. Wata cukrowa Marshmallow Pops 88
38. Batoniki z watą cukrową 90
39. Ciasteczka nadziewane watą cukrową 92
40. Płatki zbożowe z watą cukrową i pianką 94

DIPS 96
41. Dip z waty cukrowej 97
42. Dip Marshmallow z waty cukrowej 99
43. Dip Jogurtowy z Waty Cukrowej 101
44. Dip czekoladowy z waty cukrowej 103
45. Dip owocowy z waty cukrowej 105
46. Dip z waty cukrowej i masłem orzechowym 107
47. Dip z bitą śmietaną waty cukrowej 109

DESER 111
48. Eklery z waty cukrowej 112
49. Babeczki z watą cukrową 115
50. Lody z watą cukrową bez ubijania 118
51. Ciasto z watą cukrową 120
52. Kanapki z lodami z waty cukrowej 123
53. Marmurkowa wata cukrowa Krówka 125
54. Kanapki z watą cukrową 127
55. Krówka Piankowa Wata Cukrowa 130
56. Niebieskie ciasto z watą cukrową 132
57. Ciasteczka z watą cukrową 135
58. Trufle Oreo z watą cukrową 137
59. Makaroniki z watą cukrową 140
60. Ciasto z watą cukrową 143
61. Krem z waty cukrowej topi się 145
62. Mus z waty cukrowej 147
63. Wata cukrowa Affogato 149
64. Panna Cotta z waty cukrowej 151
65. Pudding ryżowy z watą cukrową 153
66. Ptysie z watą cukrową 155
67. Fantazyjne pastelowe jabłka z watą cukrową 157
68. Popsicles z watą cukrową 160
69. Deser z watą cukrową Burrito 162
70. Dipsy Naleśnikowe z Waty Cukrowej 164
71. Kawałek waty cukrowej 166
72. Rolada z waty cukrowej 168
73. Sernik z watą cukrową 170

LUKY I GLAZURY 173
74. Lukier z waty cukrowej i serka 174
75. Lukier maślany z waty cukrowej 176
76. Glazura z waty cukrowej 178

77. Krem maślany na bezie szwajcarskiej z watą cukrową 180
78. Glazura z waty cukrowej z białą czekoladą 182
79. Wata cukrowa Lukier Królewski 184
80. Ganasz z waty cukrowej 186

NAPOJE **188**
   81. Martini z watą cukrową 189
   82. Margarita z waty cukrowej 191
   83. Koktajle mleczne z waty cukrowej 193
   84. Kawa z watą cukrową 195
   85. Wata cukrowa Frappuccino 197
   86. Koktajl z waty cukrowej jagodowej 199
   87. Wiśniowy koktajl z waty cukrowej 201
   88. Marzycielski Martini z watą cukrową 203
   89. Fairy Floss Martini 205
   90. Soda kremowa z waty cukrowej 207
   91. Musujący Spritzer z watą cukrową 209
   92. Koktajle z waty cukrowej Blue Lagoon 211
   93. Gorąca czekolada z watą cukrową 213
   94. Koktajl mleczny z waty cukrowej 215
   95. Brylant waty cukrowej 217
   96. Wata cukrowa Soda ananasowa 219
   97. Mrożona herbata z waty cukrowej 221
   98. Poncz waty cukrowej 223
   99. Lemoniada z waty cukrowej 225
   100. Mocktail z waty cukrowej 227

WNIOSEK **229**

WSTĘP

Witamy w „Pięknej książce kucharskiej z watą cukrową: rozkoszuj się 100 słodkimi fantazjami z dekadenckimi rozkoszami, żywymi smakami i delikatnymi zawirowaniami puszystości". Wata cukrowa swoim eterycznym wyglądem i słodką, rozpływającą się w ustach konsystencją od pokoleń podbija serca i kubki smakowe. W tej dziwacznej książce kucharskiej zapraszamy Cię w podróż po słodkiej krainie czarów, gdzie każdy przepis oczarowuje i zachwyca.

Wata cukrowa to coś więcej niż tylko karnawałowy poczęstunek; to symbol radości, nostalgii i czystej pobłażliwości. Dzięki żywym kolorom i delikatnej puszystości wata cukrowa ma moc przeniesienia nas z powrotem do beztroskich czasów dzieciństwa i wywołania uczucia szczęścia i zachwytu. W tej książce kucharskiej celebrujemy magię waty cukrowej i odkrywamy jej nieskończone możliwości w kuchni. Od klasycznych smaków, takich jak różowa wanilia i niebieska malina, po pomysłowe kreacje, takie jak lemoniada lawendowa i mięta arbuzowa, przepisy zawarte w tej książce kucharskiej pokazują wszechstronność waty cukrowej i jej zdolność do wyniesienia każdego deseru na nowy poziom. Niezależnie od tego, czy masz ochotę na coś lekkiego i owocowego, czy dekadencko bogatego i czekoladowego, znajdziesz przysmak inspirowany watą cukrową na każdą okazję i każdy gust.

Ale ta książka kucharska to coś więcej niż tylko zbiór przepisów; to święto kreatywności, wyobraźni i radości z pobłażania. Niezależnie od tego, czy organizujesz fantazyjne przyjęcie herbaciane, planujesz uroczyste obchody urodzin, czy po prostu delektujesz się słodką rozkoszą, te przepisy z pewnością dodadzą odrobiny magii każdej okazji.

Niezależnie od tego, czy jesteś doświadczonym piekarzem, który chce dodać fantazyjnego akcentu do swojego repertuaru, czy nowicjuszem pragnącym poznać świat deserów inspirowanych watą cukrową, „PIĘKNA KSIĄŻECZKA KUCHARSKA Z WATY CUKROWEJ" ma coś dla Ciebie. Przygotuj się na słodycze i uwolnij swoje wewnętrzne dziecko podczas podróży przez świat słodkich fantazji i dekadenckich rozkoszy.

DOMOWEJ WATYNY CUKIEROWEJ

1. Ręcznie wyciągana wata cukrowa

SKŁADNIKI:
- 2 szklanki cukru
- ¼ szklanki syropu kukurydzianego
- ½ łyżeczki octu
- 1 szklanka wody
- Kolor żywności/ekstrakty do wyboru
- Dużo skrobi kukurydzianej do panierowania

INSTRUKCJE:
a) Oczyść dużą, czystą powierzchnię, na której będziesz pracować.
b) Posyp powierzchnię dużą ilością skrobi kukurydzianej, aby zapobiec przywieraniu waty cukrowej.

PRZYGOTUJ SYROP CUKROWY:
c) W rondelku wymieszaj cukier, syrop kukurydziany, ocet i wodę.
d) Podgrzewaj mieszaninę na średnim ogniu, mieszając, aż cukier się rozpuści.
e) Gdy cukier się rozpuści, przestań mieszać i poczekaj, aż mieszanina się zagotuje.
f) Użyj termometru cukierniczego i podgrzej syrop, aż osiągnie etap twardego pęknięcia (około 300°F lub 150°C).
g) Zdejmij syrop z ognia i pozwól mu lekko ostygnąć.
h) Dodaj wybrany barwnik spożywczy lub ekstrakty, aby uzyskać pożądany kolor i smak.

Zakręć watę cukrową:
i) Zanurz palce obu dłoni w kolorowym i smakowym syropie.
j) Trzymaj dłonie nad przygotowaną powierzchnią i pstrykaj palcami, pozwalając, aby syrop płynął cienkimi pasmami.
k) Pozwól, aby wirowany cukier opadł na powierzchnię, tworząc wstęgę waty cukrowej.

CIĄGNIĘCIE I KSZTAŁT:
l) Po odwirowaniu wystarczającej ilości waty cukrowej delikatnie pociągnij ją rękami i uformuj w większą, bardziej puszystą masę.
m) Kontynuuj ciągnięcie i kształtowanie, aż osiągniesz pożądany rozmiar i kształt.

POROWAĆ LUB PAKOWAĆ:
n) Zbierz wyciągniętą watę cukrową w puszyste pęczki.
o) Można podać od razu lub zapakować w pojedyncze porcje na później.

2. Wata cukrowa wytwarzana maszynowo

SKŁADNIKI:
- Nić cukrowa
- Twardy cukierek

INSTRUKCJE:

a) Zacznij od podłączenia urządzenia do prądu i pozostawienia go na 5–10 minut, aby się rozgrzało. W przypadku cukierków twardych wystarczy 5 minut rozgrzewki, natomiast w przypadku waty cukrowej potrzeba 10 minut.

b) Po odpowiednim ogrzaniu wyłącz urządzenie i dodaj twardy cukier lub watę cukrową do głowicy ekstraktora. Należy użyć dwóch twardych cukierków lub miarki waty cukrowej.

c) Włącz ponownie przełącznik, a zaobserwujesz szybkie tworzenie się delikatnych, błyszczących kawałków bawełny.

d) Przytrzymaj stożek poziomo nad górną częścią urządzenia i obracaj go w sposób ciągły, aby zgromadzić bawełnę.

e) Kontynuuj obracanie, aż zbierzesz całą watę cukrową.

f) Powtórz proces z dodatkowymi rożkami lub kontynuuj dodawanie do tego samego rożka, aby stworzyć solidny poczęstunek w postaci waty cukrowej.

ŚNIADANIE

3.Pączek z watą cukrową z polewą

SKŁADNIKI:
NA CIASTO BRIOCHE NA PĄCZKI:
- 3 ½ szklanki mąki uniwersalnej
- 1 łyżka drożdży instant
- ¼ szklanki granulowanego cukru
- 1 łyżka soli
- ¾ szklanki pełnego mleka, podgrzanego
- 2 duże jajka, temp. pokojowa
- 2 łyżeczki pasty lub ekstraktu z ziaren wanilii
- 4 łyżki niesolonego masła, pokrojonego w kostkę, temp. pokojowa

DLA WATY CUKIEROWEJ Z BIAŁEJ CZEKOLADOWEJ glazury:
- 1 szklanka białej czekolady, posiekanej lub z kawałkami
- ¼ szklanki gęstej śmietanki
- 1 łyżka niesolonego masła, temperatura pokojowa
- ⅛ łyżeczki aromatu olejku z waty cukrowej
- ¼ łyżeczki drobnej soli
- 3-4 krople różowego barwnika cukierkowego
- ¼ szklanki posypki, na koniec

INSTRUKCJE:
NA CIASTO BRIOCHE NA PĄCZKI:
a) W misie miksera wymieszaj mąkę, drożdże, cukier i sól. Mieszaj, aż dobrze się połączą.
b) Delikatnie podgrzej mleko do 30°C. Sprawdź temperaturę za pomocą termometru.
c) Jajka delikatnie wbić do mleka, dodać wanilię i połączyć z suchymi składnikami.
d) Za pomocą haka do wyrabiania ciasta wymieszaj i ugniataj na niskiej lub średniej prędkości przez 30 minut.
e) Po 30 minutach kontynuuj mieszanie, dodając kostki masła o temperaturze pokojowej, jedną lub dwie na raz. Zanim dodasz więcej, poczekaj, aż masło się wchłonie. Kontynuuj, aż całe masło zostanie włączone.
f) Pozostawić do wymieszania na dodatkowe 10 minut.
g) Wyjmij ciasto, uformuj lekko zaciśniętą kulę, włóż do lekko naoliwionej miski, przykryj i odstaw do wyrośnięcia na godzinę.

h) Uderz ciasto w dół i złóż jak w kroku 7.
i) Wróć do miski, przykryj folią i włóż do lodówki na noc.
j) Po co najmniej 6 godzinach chłodzenia rozwałkuj ciasto na okrąg o średnicy 12 cali. Wróć do lodówki na 20 minut.
k) Używając oprószonej mąką foremki do pączków, naciśnij prosto w dół, aby pokroić pączki. Pokrojone pączki przekładamy na papier pergaminowy na blaszkę do pieczenia.
l) Wyrastać w ciepłym i wilgotnym środowisku przez godzinę.
m) Rozgrzej olej do 325 F. Ostrożnie zanurz pączki w oleju za pomocą papieru pergaminowego, aby zminimalizować zakłócenia. Smażyć na złoty kolor, przewrócić i odcedzić.

DLA WATY CUKIEROWEJ Z BIAŁEJ CZEKOLADOWEJ glazury PĄCZKOWEJ:

n) Do miski miksującej włóż białą czekoladę, masło i szczyptę soli.
o) Podgrzej śmietankę, aż zacznie parować, polej czekoladą i odstaw na 5 minut.
p) Dodaj olej z waty cukrowej i mieszaj, aż masa będzie gładka. W razie potrzeby dodaj cukierkowy barwnik.
q) Pączki maczamy w polewie i posypujemy posypką. Domowa wata cukrowa jest opcjonalna, ale zachwycająca.

4.Gofry Z Luzem Waty Cukrowej

SKŁADNIKI:
- 3 ¼ szklanki mąki uniwersalnej lub mąki pełnoziarnistej
- 2 miarki proszku białkowego o smaku waty cukrowej
- 2 łyżki proszku do pieczenia
- 1 łyżeczka soli
- 2 ¼ szklanki mleka
- 2 jajka
- 3 łyżki roztopionego masła lub oleju kokosowego
- Do wyboru 3 kolory barwników spożywczych
- Olej w sprayu

INSTRUKCJE:
a) W dużej misce wymieszaj suche składniki.
b) Dodaj mleko, jajka i roztopione masło (lub olej kokosowy) i wymieszaj, aż nie pozostaną grudki.
c) Rozdziel ciasto do trzech plastikowych torebek o pojemności ćwiartki.
d) Do każdej torebki dodać 4-5 kropli barwnika spożywczego, zamknąć i rękoma wymieszać na zewnątrz torebki, aż do uzyskania jednolitego koloru.
e) Powtórz tę czynność dla pozostałych torebek/kolorów. Podgrzej małą gofrownicę i spryskaj sprayem zapobiegającym przywieraniu.
f) Odetnij mały róg z każdej torby i wytnij faliste linie na gofrownicy, powtórz to z resztą kolorów.
g) Zamknij górę i gotuj, aż ciasto będzie twarde. Nie chcesz rozgotować, bo kolor zmieni się na brązowy. Podawać ze świeżymi owocami!

5. Parfait śniadaniowy z waty cukrowej

SKŁADNIKI:
- jogurt grecki
- Granola
- świeże jagody
- Wata cukrowa

INSTRUKCJE:
a) W szklance lub misce ułóż warstwami jogurt grecki, granolę, świeże jagody i małe kawałki waty cukrowej.
b) Powtarzaj warstwy, aż do wypełnienia szklanki lub miski.
c) Na wierzch posyp dodatkową porcją granoli i kawałkiem waty cukrowej.
d) Podawaj natychmiast i ciesz się pysznym parfaitem śniadaniowym z waty cukrowej!

6. Naleśnik z sufletem z waty cukrowej

SKŁADNIKI:
NALEŚNIK Z WATONĄ CUKIEROWĄ:
- 4 jajka, oddzielone
- ½ szklanki cukru kryształu, podgrzanego
- Kolorowy cukier
- ½ szklanki mąki
- 6 łyżek mleka
- ¾ łyżeczki proszku do pieczenia
- Olej do smażenia

GARNIRUNEK:
- Truskawki
- Jagody
- Sos truskawkowy

INSTRUKCJE:
a) W dużej misce ubijaj żółtka, aż staną się blade.
b) Stopniowo dodawaj ciepły granulowany cukier do żółtek, kontynuując ubijanie, aż mieszanina dobrze się połączy i lekko zgęstnieje.
c) Posyp kolorowym cukrem mieszaninę żółtek i delikatnie wymieszaj, równomiernie mieszając.
d) Przesiać mąkę i delikatnie wmieszać ją do masy z żółtek, aż składniki się połączą.
e) W osobnej misce wymieszaj mleko i proszek do pieczenia. Stopniowo dodawaj tę mieszaninę do ciasta z żółtkami, mieszając, aż masa będzie gładka.
f) W innej czystej, suchej misce ubijaj białka, aż powstanie sztywna piana.
g) Ostrożnie wmieszać ubite białka do ciasta, tak aby uzyskać lekką i puszystą konsystencję.
h) Rozgrzej patelnię lub patelnię z powłoką nieprzywierającą na średnim ogniu i lekko nasmaruj olejem.
i) Łyżką nakładamy porcję ciasta na patelnię formując okrągłe naleśniki. Gotuj, aż krawędzie zaczną się wiązać, a spód stanie się złotobrązowy.

j) Ostrożnie przewróć naleśniki i smaż drugą stronę, aż będą złocistobrązowe i ugotowane.
k) Zdejmij naleśniki z patelni i ułóż je na talerzu do serwowania.
l) Udekoruj świeżymi truskawkami i jagodami i skrop sosem truskawkowym, aby uzyskać dodatkową porcję smaku.
m) Podawaj natychmiast naleśniki z sufletem z waty cukrowej i ciesz się zachwycającym połączeniem puszystej konsystencji i owocowej słodyczy.

7. Budyń proteinowy z waty cukrowej

SKŁADNIKI:
- 11,2 uncji śmietanki o smaku waty cukrowej
- 2 łyżki odżywki białkowej o smaku waniliowym
- 1 łyżeczka czystego ekstraktu waniliowego
- ½ łyżeczki kryształków buraka czerwonego (opcjonalnie dla koloru)
- Szczypta soli
- Bezcukrowy słodzik z owoców mnicha (opcjonalnie)
- ¼ szklanki białych nasion chia
- Opcjonalne dodatki: jagody, winogrona z waty cukrowej, granola, chipsy kokosowe o smaku matcha latte, chrupiące ciasteczka lub dodatki według upodobań

INSTRUKCJE:
a) W misce lub pojemniku blendera połącz śmietankę lub mleko, proszek białkowy, ekstrakt waniliowy, kryształki buraka czerwonego i sól. Ubijaj lub mieszaj na wysokich obrotach, aż do dokładnego wymieszania. Dosłodzić według własnego gustu.
b) Dodaj nasiona chia i wymieszaj lub zmiksuj pulsacyjnie, aż składniki się połączą. Alternatywnie, całkowicie zmiksuj, jeśli wolisz gładszą konsystencję budyniu.
c) Przenieś mieszaninę do miski lub podziel ją na pojedyncze słoiki, a następnie przykryj.
d) Pozostaw na 10 minut, następnie dobrze wymieszaj lub wstrząśnij, ponownie przykryj i wstaw do lodówki na noc.
e) Rano dobrze wymieszaj i dostosuj słodycz i/lub mleko do pożądanego smaku i konsystencji.
f) Podawać schłodzone lub ciepłe z ulubionymi dodatkami.
g) Resztki można przechowywać w szczelnym pojemniku w lodówce przez 3 do 4 dni.

8.Bajgiel śniadaniowy z watą cukrową

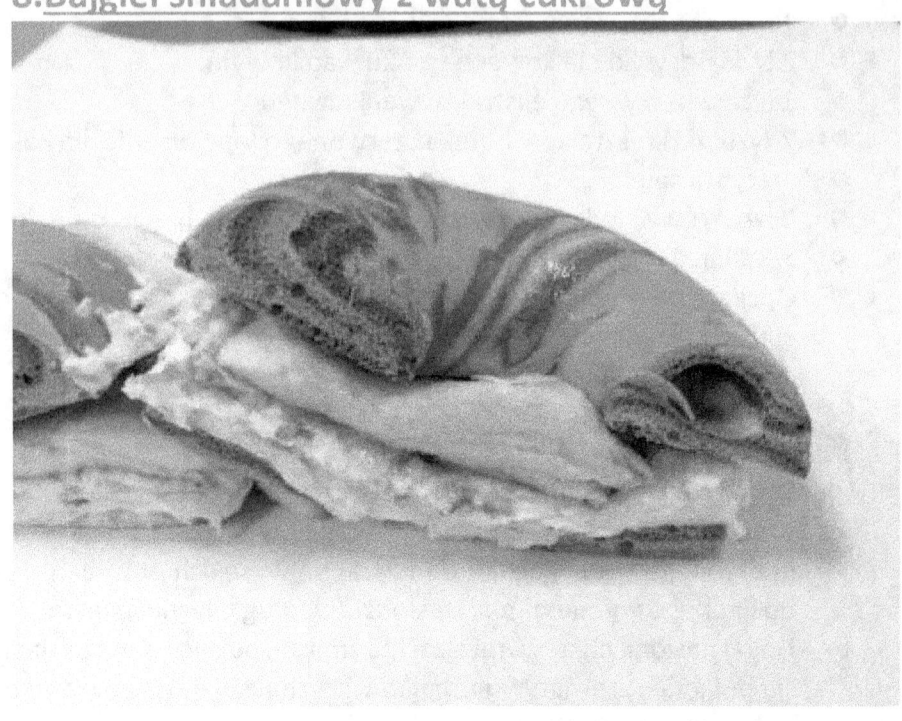

SKŁADNIKI:
- Tęczowe Bajgle
- Ser topiony
- Wata cukrowa

INSTRUKCJE:
a) Opiekaj bułeczki, aż osiągną pożądany poziom chrupkości.
b) Na każdą połówkę tostowego bajgla posmaruj dużą warstwą serka śmietankowego.
c) Na wierzchu serka śmietankowego ułóż małe kawałki waty cukrowej.
d) Ciesz się wyjątkowym i pysznym bajglem śniadaniowym z watą cukrową!

9.Tosty francuskie z watą cukrową

SKŁADNIKI:
- 4 kromki chleba (najlepiej brioszki)
- 2 duże jajka
- ½ szklanki mleka
- 1 łyżeczka ekstraktu waniliowego
- ¼ łyżeczki soli
- ¼ łyżeczki mielonego cynamonu
- Aromat lub ekstrakt z waty cukrowej (kilka kropel do smaku)
- Wata cukrowa (do dekoracji)
- Syrop klonowy (do podania)

INSTRUKCJE:
a) W płytkiej misce wymieszaj jajka, mleko, ekstrakt waniliowy, sól, mielony cynamon i kilka kropli aromatu waty cukrowej, aż dobrze się połączą.
b) Rozgrzej patelnię lub patelnię z powłoką nieprzywierającą na średnim ogniu.
c) Zanurzaj każdą kromkę chleba w mieszance jajecznej, upewniając się, że obie strony są nią równomiernie pokryte.
d) Połóż powlekane kromki chleba na gorącej patelni i smaż z obu stron na złoty kolor, około 2-3 minuty na stronę.
e) Po ugotowaniu przełóż plasterki tostu francuskiego na talerze.
f) Udekoruj każdy plasterek dużą ilością waty cukrowej, gdy tost francuski jest jeszcze ciepły, pozwalając mu się lekko roztopić.
g) Skropić syropem klonowym, aby uzyskać dodatkową nutę słodyczy.
h) Podawaj natychmiast i ciesz się wspaniałym francuskim tostem z watą cukrową o smaku waty cukrowej!

10. Rogaliki nadziewane watą cukrową

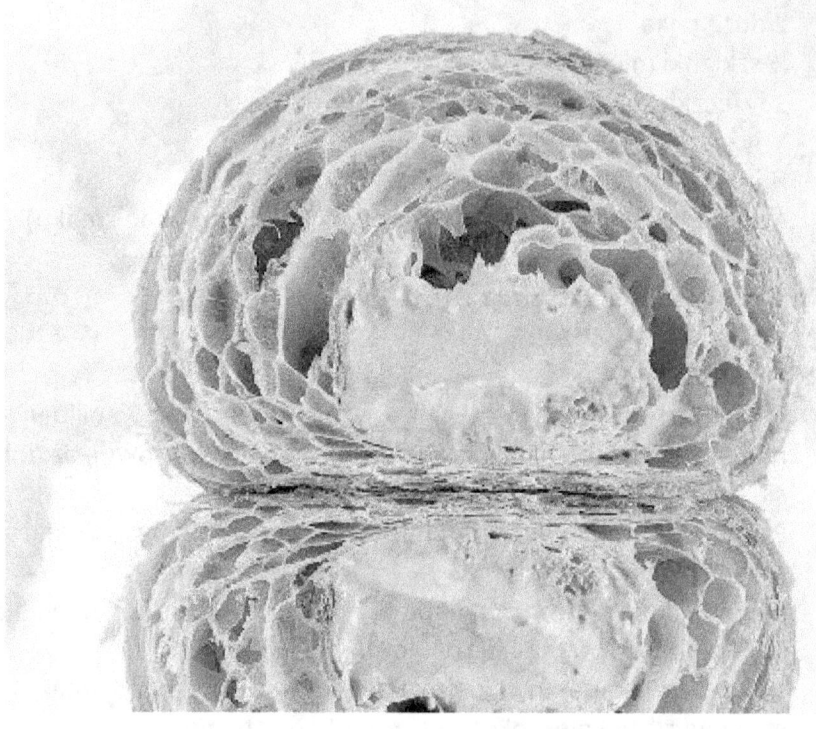

SKŁADNIKI:
- 1 opakowanie schłodzonego ciasta na croissanty
- Wata cukrowa (smak do wyboru)
- Cukier puder (opcjonalnie, do posypania)

INSTRUKCJE:
a) Rozgrzej piekarnik zgodnie z instrukcją na opakowaniu ciasta na rogaliki.
b) Ciasto na croissanty rozwałkowujemy i dzielimy na poszczególne trójkąty.
c) Weź niewielką ilość waty cukrowej i umieść ją na szerszym końcu każdego trójkąta rogalika.
d) Zwiń rogaliki, zaczynając od szerszego końca i zawijając boki, aby wata cukrowa została zamknięta w środku.
e) Nadziewane rogaliki układamy na blasze wyłożonej papierem do pieczenia, zachowując odstępy między nimi.
f) Piecz rogaliki w nagrzanym piekarniku zgodnie z instrukcją na opakowaniu lub do momentu, aż będą złocistobrązowe.
g) Po upieczeniu wyjmij rogaliki z piekarnika i poczekaj, aż lekko ostygną.
h) Opcjonalnie: Posyp nadziewane rogaliki cukrem pudrem, aby uzyskać dodatkową nutę słodyczy.
i) Podawaj ciepłe rogaliki nadziewane watą cukrową i ciesz się lepką niespodzianką z waty cukrowej w środku!

11. Parfait z waty cukrowej jogurtowej

SKŁADNIKI:
- 1 szklanka jogurtu waniliowego
- Różowa wata cukrowa
- Niebieska wata cukrowa
- Krakersy Graham, pokruszone

INSTRUKCJE:
a) Weź szklankę lub miskę do serwowania, aby przygotować parfait.
b) Zacznij od nałożenia na dno szklanki warstwy jogurtu waniliowego.
c) Umieść niewielką ilość pokruszonych krakersów Graham na wierzchu jogurtu, aby uzyskać przyjemną konsystencję.
d) Teraz dodaj warstwę różowej waty cukrowej na krakersy Graham i jogurt.
e) Następnie nałóż kolejną warstwę jogurtu waniliowego, zapewniając równomierne rozprowadzenie.
f) Na drugą warstwę jogurtu posyp większą ilością pokruszonych krakersów Graham.
g) Dodaj warstwę niebieskiej waty cukrowej na krakersy Graham.
h) Powtarzaj proces, aż dojdziesz do górnej krawędzi szklanki, kończąc ostatnią warstwą waty cukrowej.
i) Opcjonalnie udekoruj wierzch małym kawałkiem waty cukrowej, aby uzyskać dodatkowy akcent dekoracyjny.
j) Podawaj natychmiast i ciesz się pysznym parfaitem z waty cukrowej i jogurtem!

12. Lody śniadaniowe

SKŁADNIKI:
- 1 szklanka płatków zbożowych Cotton Candy Crunch
- 1 szklanka jogurtu waniliowego
- 1 szklanka świeżych, mieszanych jagód (truskawki, jagody, maliny)
- Bita śmietana
- 2 łyżki miodu lub syropu klonowego (opcjonalnie)
- Posypka do dekoracji (opcjonalnie)

INSTRUKCJE:
a) Zacznij od ułożenia dna naczynia do serwowania obfitej porcji płatków Cotton Candy Crunch.
b) Na płatki wyłóż warstwę jogurtu waniliowego, zapewniając równomierne rozprowadzenie.
c) Na wierzch jogurtu dodaj warstwę mieszanych jagód.
d) Powtarzaj warstwy, aż dojdziesz do szczytu naczynia, kończąc ostatnią warstwą płatków Cotton Candy Crunch.
e) Na wierzch każdego lody nałóż bitą śmietanę.
f) W razie potrzeby skrop bitą śmietanę miodem lub syropem klonowym, aby dodać słodyczy.
g) Udekoruj posypką, aby uzyskać zabawny i kolorowy akcent.
h) Podawaj natychmiast i ciesz się pysznymi lodami śniadaniowymi!

13. Miska na smoothie z waty cukrowej

SKŁADNIKI:
- 2 mrożone banany
- 1 szklanka truskawek
- 1/2 szklanki mleka lub alternatywa bezmleczna
- Aromat waty cukrowej lub prawdziwa wata cukrowa
- Granola
- Świeże owoce (opcjonalnie)

INSTRUKCJE:
a) W blenderze połącz zamrożone banany, truskawki i mleko.
b) Mieszaj, aż będzie gładka.
c) Wlać smoothie do miski.
d) Udekoruj kawałkami waty cukrowej, granolą i świeżymi owocami, jeśli chcesz.
e) Ciesz się miską smoothie z waty cukrowej!

14. Naleśniki śniadaniowe z waty cukrowej

SKŁADNIKI:
- Ciasto naleśnikowe
- Ser topiony
- Wata cukrowa
- Cukier puder (opcjonalnie)

INSTRUKCJE:
a) Przygotuj ciasto na naleśniki według swojego ulubionego przepisu.
b) Smażyć naleśniki na patelni z powłoką nieprzywierającą.
c) Po ugotowaniu na każdym naleśniku posmaruj cienką warstwą serka śmietankowego.
d) Posyp serek śmietankowy małymi kawałkami waty cukrowej.
e) Zwiń naleśniki.
f) Oprószyć cukrem pudrem według uznania.
g) Podawaj i ciesz się naleśnikami śniadaniowymi z waty cukrowej!

15. Muffinki śniadaniowe z watą cukrową

SKŁADNIKI:
- Ciasto na muffiny (jagodowe lub waniliowe)
- Wata cukrowa

INSTRUKCJE:
a) Rozgrzej piekarnik zgodnie z instrukcją przepisu na muffinki.
b) Przygotuj ciasto na muffiny zgodnie z instrukcją.
c) Każdą foremkę na muffinki napełnij do połowy ciastem.
d) Umieść mały kawałek waty cukrowej na środku każdej muffinki.
e) Dodaj więcej ciasta na wierzch, aby przykryć watę cukrową.
f) Piec zgodnie z instrukcją przepisu na muffinki.
g) Po ostygnięciu będziesz mieć na śniadanie niespodziankę w postaci babeczek wypełnionych watą cukrową!

16.Mini Pączki z waty cukrowej

SKŁADNIKI:
NA PĄCZKI:
- 2 szklanki mieszanki ciasteczek z watą cukrową i cukrem
- ¼ łyżeczki sody oczyszczonej
- ⅛ łyżeczki soli
- 2 jajka
- 3 łyżki oleju roślinnego
- ⅓ szklanki jogurtu greckiego z watą cukrową

DO SZKLIWIENIA:
- 5 łyżek mleka
- ½ łyżeczki wanilii
- 1 łyżeczka mieszanki smakowej waty cukrowej
- 2 szklanki cukru pudru
- Posypka

INSTRUKCJE:
NA PĄCZKI:
a) Rozgrzej piekarnik do 100°C i nasmaruj formę do mini pączków nieprzywierającym sprayem do gotowania.
b) W dużej misce wymieszaj mieszankę ciasteczek cukrowych, sodę oczyszczoną i sól. Dodaj jajka, olej i jogurt i mieszaj, aż składniki się połączą.
c) Wlać ciasto do dużej plastikowej torby zapinanej na zamek błyskawiczny. Odetnij końcówkę jednego z dolnych rogów i napełnij każdy zbiornik na pączki mniej więcej do połowy.
d) Piec w piekarniku przez 7-8 minut lub do momentu, aż pączki odskoczą po lekkim dotknięciu. Pozostaw pączki do ostygnięcia w formie na 3 minuty, a następnie przenieś je na metalową kratkę, aby całkowicie ostygły.

DO SZKLIWIENIA:
e) Połącz mleko, wanilię i mieszankę smakową w małym rondlu i podgrzewaj na małym ogniu, aż będzie ciepłe.
f) Do mieszanki mlecznej przesiej cukier puder. Ubijaj powoli, aż dobrze się połączą.

ZŁOŻYĆ:
g) Zdejmij glazurę z ognia i postaw ją nad miską z gorącą wodą.

h) Zanurzaj wierzch pączków w glazurze, pojedynczo i ustawiaj je na drucianej kratce wyłożonej papierem woskowanym pod spodem, aby zbierać krople. Natychmiast posypać posypką. Glazura stwardnieje w ciągu kilku sekund, więc pamiętaj o dodaniu posypki przed zanurzeniem kolejnych pączków.
i) Przed podaniem odczekaj 5 minut, aby pączki ostygły.
j) Pączki zachowają świeżość i miękkość w szczelnym pojemniku aż do 4 dni.

17. Stos naleśników z waty cukrowej

SKŁADNIKI:
- Mieszanka naleśnikowa (lub ciasto domowe)
- Wata cukrowa
- syrop klonowy

INSTRUKCJE:
a) Przygotuj ciasto naleśnikowe według instrukcji na opakowaniu lub według ulubionego przepisu.
b) Smażyć naleśniki na patelni lub patelni.
c) Układaj naleśniki na talerzu, umieszczając pomiędzy każdą warstwą małe kawałki waty cukrowej.
d) Skropić syropem klonowym.
e) Ciesz się puszystym stosem naleśników z waty cukrowej!

18.Koktajl śniadaniowy z waty cukrowej

SKŁADNIKI:
- 1 szklanka jogurtu waniliowego
- 1/2 szklanki mleka lub alternatywa bezmleczna
- 1 szklanka mrożonych mieszanych jagód
- 1/2 szklanki waty cukrowej
- Kostki lodu

INSTRUKCJE:
a) W blenderze połącz jogurt waniliowy, mleko, mrożone mieszane jagody, watę cukrową i kostki lodu.
b) Mieszaj, aż masa będzie gładka i kremowa.
c) Przelej do szklanek i od razu podawaj.
d) W razie potrzeby udekoruj brzegiem każdego kieliszka małym kawałkiem waty cukrowej.

19. Tost śniadaniowy z watą cukrową

SKŁADNIKI:
- Pokrojony chleb
- Ser topiony
- Wata cukrowa

INSTRUKCJE:
a) Smażyć kromki chleba na złoty kolor.
b) Na każdym toście rozsmaruj warstwę serka śmietankowego.
c) Na wierzchu serka śmietankowego ułóż małe kawałki waty cukrowej.
d) Opcjonalnie użyj widelca, aby delikatnie wcisnąć watę cukrową w serek śmietankowy, aby ułatwić jego przyklejenie.
e) Podawaj natychmiast i ciesz się kapryśnym tostem śniadaniowym z watą cukrową!

20. Płatki owsiane śniadaniowe z watą cukrową

SKŁADNIKI:
- Owies
- Mleko czy woda
- Wata cukrowa

INSTRUKCJE:

a) Ugotuj płatki owsiane zgodnie z instrukcją na opakowaniu, używając mleka lub wody.
b) Po ugotowaniu płatków owsianych dodaj małe kawałki waty cukrowej, aż się rozpuszczą i połączą z płatkami owsianymi.
c) Przed podaniem pozwól płatkom owsianym lekko ostygnąć.
d) Opcjonalnie możesz posypać dodatkową watą cukrową dla dodatkowej słodyczy.
e) Ciesz się pocieszającą i pyszną owsianką śniadaniową z watą cukrową!

PRZEKĄSKI

21.Ukąszenia precli z waty cukrowej, sernika

SKŁADNIKI:

- 4 uncje serka śmietankowego, zmiękczonego
- ½ łyżeczki gumy balonowej lukier (lub 1 łyżeczka galaretki truskawkowej)
- ½ łyżeczki waty cukrowej Lukier (lub 1 łyżeczka jagodowej galaretki)
- 3 szklanki cukru pudru
- Mini Precle Twists
- 1 szklanka kawałków białej czekolady, roztopionych
- Posypka czerwona, biała i niebieska (opcjonalnie)

INSTRUKCJE:

a) W jednej misce połącz połowę serka śmietankowego, mieszankę gumy balonowej i 1 ½ szklanki cukru pudru. Ubijaj, aż powstanie ciasto.
b) W drugiej misce wymieszaj drugą połowę serka śmietankowego, mieszankę waty cukrowej i pozostały cukier puder. Ubijaj, aż powstanie ciasto.
c) Z czerwonego i niebieskiego ciasta uformuj jednocalowe kulki i wciśnij każdą kulkę pomiędzy dwa precle. Połowę precli należy przygotować z ciasta czerwonego, a połowę z ciasta niebieskiego. Jeśli ciasto jest zbyt miękkie, aby je wyrobić, włóż je do lodówki na około 15-30 minut, a następnie wciśnij je pomiędzy precle.
d) Po złożeniu precli włóż je do lodówki na około 30 minut.
e) Zanurz połowę każdego precla w roztopionej białej czekoladzie i posyp posypką.
f) Odczekaj, aż czekolada stwardnieje (jeśli chcesz, możesz przechowywać ją w lodówce) i przechowuj precle w szczelnym pojemniku.

22. Popcorn z waty cukrowej

SKŁADNIKI:
- 16-uncjowe opakowanie topionych cukierków marshmallow lub waniliowych
- 12 filiżanek prażonego popcornu, podzielone
- ¼ szklanki posypki
- 2 szklanki waty cukrowej, podzielonej na małe kawałki
- 3 uncje niebieskiego cukierka topią się
- 3 uncje różowego cukierka topią się

INSTRUKCJE:
a) Rozpuść piankę marshmallow lub waniliowe cukierki:
b) W misce przeznaczonej do kuchenki mikrofalowej postępuj zgodnie z instrukcjami na opakowaniu, aby rozpuścić piankę marshmallow lub cukierki waniliowe.
c) W dużej misce umieść 8 szklanek prażonego popcornu.
d) Wlać roztopioną piankę marshmallow na popcorn, mieszając, aż każde ziarno będzie równomiernie pokryte.
e) Delikatnie wymieszaj podarte kawałki waty cukrowej z posypanym popcornem, zapewniając doskonałe rozprowadzenie w całości.
f) Rozłóż popcorn pokryty watą cukrową na wyłożonej papierem blasze do pieczenia i obficie posyp ulubioną posypką. Pozwól popcornowi ostygnąć, tworząc idealne połączenie tekstur.
g) W dwóch oddzielnych miskach rozpuść niebieską i różową polewę z cukierka.
h) Podziel pozostałe 4 filiżanki popcornu równo pomiędzy dwie miski, umieszczając po 2 filiżanki w każdej.
i) W jednej misce polej niebieską polewą cukierkową na popcorn, a drugą różową polewą popcorn. Mieszaj, aż każde jądro popcornu zostanie dokładnie pokryte.
j) Rozłóż popcorn w kolorze niebieskim i różowym na osobnych wyłożonych blachach do pieczenia, poczekaj, aż ostygną i stwardnieją.
k) Połącz białe, różowe i niebieskie odmiany popcornu w harmonijną mieszankę, która zapewni eksplozję smaku w każdym kęsie.

23. Przysmaki z waty cukrowej i ryżu Krispie

SKŁADNIKI:

- 3 łyżki niesolonego masła
- 1 opakowanie 10 uncji Mini pianek marshmallow
- 1 1,5-uncjowy pojemnik różowej waty cukrowej
- 6 szklanek płatków zbożowych typu Rice Krispies
- Różowe, czerwone i białe posypki

INSTRUKCJE:

a) Blachę lub blachę do pieczenia o wymiarach 9 x 13 wyłóż papierem pergaminowym.
b) Podgrzej masło w dużym rondlu na średnio-małym ogniu. Gdy masło się rozpuści, dodaj pianki. Ciągle mieszaj, aż pianki marshmallow się rozpuszczą.
c) Zdejmij patelnię z płyty kuchennej. Zmniejsz ogień do małego i dodaj watę cukrową w bardzo małych kawałkach, mieszając po każdym dodaniu. Mieszaj, aż cała wata cukrowa się rozpuści.
d) Dodaj płatki na patelnię i mieszaj, aż wszystkie składniki dobrze się połączą.
e) Rozłóż mieszankę zbożową na patelni. Wciśnij mieszaninę na patelnię, aż stanie się stała.
f) Udekoruj posypką i w razie potrzeby wciśnij ją ręką w przysmaki Rice Krispie.
g) Pozostaw smakołyki do całkowitego ostygnięcia na około 30 minut, a następnie pokrój je w batony.

24. Whoopie Pies z waty cukrowej

SKŁADNIKI:
- 1 Mieszanka ciasta konfetti
- ½ szklanki roztopionego, niesolonego masła
- 1 duże jajko
- 1 puszka Frosting Creations Frosting Starter
- 1 opakowanie mieszanki smakowej waty cukrowej

INSTRUKCJE:
a) Rozgrzej piekarnik do 350 stopni.
b) W misce wymieszaj masę ciasta, roztopione masło i jajko, aż powstanie miękkie ciasto. Ciasto schłodzić przez 20-30 minut.
c) Z ciasta uformuj kulki o średnicy 1 cm i piecz przez 9 minut. Studzimy na drucianej kratce. Z tego przepisu wychodzi 48 ciasteczek.
d) Wymieszaj starter lukierowy i pakiet smakowy waty cukrowej.
e) Połóż 24 ciasteczka do góry nogami. Na ciasteczka nałóż łyżkę lukru i przykryj pozostałymi 24 ciasteczkami.
f) Przechowywać w zamkniętym pojemniku na blacie przez 4-5 dni.

25.S'mores z waty cukrowej

SKŁADNIKI:
- Pianki Marshmallow lub Marshmallow Fluff
- Wata cukrowa
- Krakersy pełnoziarniste
- Posypka

INSTRUKCJE:
a) Jeśli używasz pianek marshmallow, piecz je na otwartym ogniu, aż staną się złotobrązowe i lepkie. Jeśli używasz pianki marshmallow, możesz rozprowadzić ją bezpośrednio na krakersach graham.
b) Weź kawałek waty cukrowej i połóż go na wierzchu prażonych pianek marshmallow lub puchu marshmallow.
c) Delikatnie dociśnij kolejny krakers graham na wierzchu, aby utworzyć kanapkę.
d) Opcjonalnie obtocz brzegi waty cukrowej w posypce dla dodania koloru i słodyczy.

26. Chow dla szczeniąt z waty cukrowej

SKŁADNIKI:

- 9 szklanek płatków Chex (ryż, kukurydza lub mieszanka)
- 1 szklanka kawałków białej czekolady
- ½ szklanki kremowego masła orzechowego
- ¼ szklanki niesolonego masła
- 1 łyżeczka ekstraktu waniliowego
- 1 ½ szklanki cukru pudru
- 1 ½ szklanki waty cukrowej (połamanej na małe kawałki)

INSTRUKCJE:

a) W dużej misce odmierz płatki Chex i odłóż je na bok.
b) W misce nadającej się do kuchenki mikrofalowej połącz kawałki białej czekolady, masło orzechowe i masło. Podgrzewaj w kuchence mikrofalowej w 30-sekundowych odstępach, mieszając między każdym, aż się rozpuści i będzie gładka.
c) Do stopionej mieszaniny dodać ekstrakt waniliowy.
d) Wlać roztopioną mieszaninę na płatki Chex, delikatnie mieszając, aż płatki pokryją się równomiernie.
e) W dużej plastikowej torbie dodaj cukier puder.
f) Przenieś powleczone płatki Chex do torebki z cukrem pudrem, zamknij torebkę i potrząsaj, aż płatki będą dobrze pokryte.
g) Rozłóż sproszkowane płatki zbożowe posypane cukrem pudrem na blasce wyłożonej papierem do pieczenia, aby ostygły.
h) Gdy mieszanka płatków ostygnie, wrzuć kawałki waty cukrowej, upewniając się, że są równomiernie rozłożone.
i) Przed podaniem poczekaj, aż karma dla szczeniąt całkowicie stwardnieje.
j) Przechowywać w szczelnym pojemniku.

27. Rogi jednorożca z waty cukrowej

SKŁADNIKI:
- Wata cukrowa (różne kolory)
- Kawałki białej czekolady lub topiące się cukierki
- Jadalny brokat lub posypka (opcjonalnie)

INSTRUKCJE:
a) Weź niewielką ilość waty cukrowej i zwiń ją w cienki, wydłużony kształt, tworząc róg jednorożca. Jeśli chcesz uzyskać wielokolorowy efekt, powtórz tę czynność z różnymi kolorami.
b) Rozpuść kawałki białej czekolady lub cukierki zgodnie z instrukcją na opakowaniu.
c) Zanurz podstawę każdego rogu waty cukrowej w roztopionej białej czekoladzie, aby stworzyć solidną i stabilną podstawę.
d) W razie potrzeby posyp mokrą czekoladę jadalnym brokatem lub kolorową posypką dla dodatkowej dekoracji.
e) Umieść rogi jednorożca na wyłożonej pergaminem tacy lub talerzu i poczekaj, aż czekolada stwardnieje.
f) Gdy czekolada stwardnieje, Twoje Rogi Jednorożca z Waty Cukrowej będą gotowe do spożycia!

28.Kulki przekąskowe z waty cukrowej

SKŁADNIKI:

- 2 szklanki płatków zbożowych o smaku waty cukrowej (takich jak Cotton Candy Crunch)
- 1 szklanka pianek marshmallow
- 2 łyżki niesolonego masła
- ½ szklanki waty cukrowej (dla dodatkowego smaku i dekoracji)
- Posypka (opcjonalnie, do dodatkowej dekoracji)

INSTRUKCJE:

a) W dużej misce odmierz 2 szklanki płatków śniadaniowych o smaku waty cukrowej. Odłożyć na bok.

b) W misce, którą można używać w kuchence mikrofalowej, połącz pianki i niesolone masło. Podgrzewaj w kuchence mikrofalowej co 30 sekund, mieszając w międzyczasie, aż pianki całkowicie się rozpuszczą i dobrze połączą z masłem.

c) Wlać roztopioną mieszaninę pianek marshmallow na płatki o smaku waty cukrowej i szybko mieszać, aż płatki pokryją się równomiernie.

d) Pozostaw mieszaninę do lekkiego ostygnięcia, ale nie do końca, ponieważ chcesz, aby była elastyczna i można ją było formować w kulki.

e) Używając rąk nasmarowanych masłem lub rąk pokrytych sprayem kuchennym, aby zapobiec przywieraniu, uformuj mieszaninę w małe kulki. Jeśli chcesz, włóż mały kawałek waty cukrowej na środek każdej kulki, aby uzyskać dodatkowy zastrzyk smaku.

f) Opcjonalnie: Obtocz kulki przekąsek z waty cukrowej w dodatkowej wacie cukrowej lub posyp je do dekoracji.

g) Umieść kulki z przekąskami na tacy wyłożonej pergaminem, poczekaj, aż ostygną i całkowicie ustaw.

h) Po zastygnięciu kulki przekąskowe z waty cukrowej są gotowe do spożycia!

29. Wata cukrowa Bary Krispie

SKŁADNIKI:

- 4 łyżki solonego masła plus dodatkowe 1/2 łyżki do wysmarowania formy
- 10-uncjowe torebki pianek/mini pianek
- 3 szklanki płatków ryżowych Krispie
- 3 szklanki waty cukrowej plus 1/2 szklanki dodatkowo do posypania
- 1/2 szklanki kawałków białej czekolady
- 1 łyżeczka oleju kokosowego

INSTRUKCJE:

a) Formę do pieczenia o wymiarach 8×8 cali posmaruj masłem lub wyłóż papierem pergaminowym. Jeśli używasz papieru pergaminowego, lekko nasmaruj pergamin sprayem zapobiegającym przywieraniu. Odłożyć na bok.
b) Do dużej miski dodaj płatki ryżowe Krispie i odłóż na bok.
c) Rozpuść masło na średnim ogniu w bardzo dużym garnku lub patelni z powłoką nieprzywierającą. Po rozpuszczeniu dodać pianki marshmallow. Za pomocą gumowej szpatułki lub drewnianej łyżki mieszaj mieszaninę, aż pianki całkowicie się rozpuszczą.
d) Zdejmij z ognia, następnie natychmiast zbierz połowę mieszanki do miski Rice Krispie i wymieszaj za pomocą szpatułki. Upewnij się, że każdy kawałek płatków jest pokryty mieszanką pianek marshmallow. [Będzie bardzo lepkie]
e) Następnie wytrzyj nadmiar i dodaj płatki Cap'n Crunch do mieszanki na patelni. Ponownie upewnij się, że każdy kawałek płatków jest pokryty mieszanką pianek marshmallow.
f) Przenieś mieszankę ryżową Krispie na przygotowaną patelnię. Za pomocą gumowej szpatułki (lekkie natłuszczenie jej pomaga) delikatnie rozprowadź mieszaninę tak, aby pasowała do patelni. Lekko natłuść tył płaskiej szpatułki i bardzo delikatnie wciśnij mieszaninę na patelnię. Nie dociskaj go na siłę, po prostu lekko dociśnij, aby dobrze trzymał się na patelni.
g) Zrób to samo z mieszaniną Cap'n Crunch i na tym wierzchu. Dodaj pozostałą część płatków Cap'n Crunch Cereal (1/2 szklanki) na wierzch, aby pokryć wszelkie szczeliny i lekko dociśnij. Wideo tutaj

h) Pozostaw smakołyki do zastygnięcia na co najmniej 1 godzinę w temperaturze pokojowej i maksymalnie na 1 dzień. Szczelnie przykryj, jeśli zostawiasz na dłużej niż kilka godzin.
i) Wyjmij ryżowe krispie w całości z patelni za pomocą papieru pergaminowego.
j) Jeśli używasz metody z masłem. Użyj małej deski do krojenia lub płaskiego talerza i połóż ją twarzą w dół na mężczyźnie. Następnie odwróć patelnię do góry nogami i wyjmij ją, co spowoduje uwolnienie smakołyku. Następnie połóż na wierzchu kolejną deskę do krojenia lub talerz i ponownie odwróć.
k) Pokrój w kwadraty dziewięć kwadratowych. [Obejrzyj zdjęcia krok po kroku, aby zobaczyć, jak to wyrównać]
l) W małej misce, którą można podgrzewać w kuchence mikrofalowej, dodaj kawałki czekolady i olej kokosowy. Następnie włóż do mikrofalówki na 30 sekund do 1 minuty. Używając małej łyżeczki, mieszaj, aż do całkowitego rozpuszczenia.
m) Za pomocą łyżeczki skropić każdy batonik zygzakowatym wzorem. [Spójrz na zdjęcia poniżej] Film tutaj
n) Przykryj i przechowuj resztki smakołyków w temperaturze pokojowej przez maksymalnie 3 dni. Do przechowywania układaj warstwami pomiędzy arkuszami pergaminu lub papieru woskowanego.

30.Cyrkowe ciasteczka z watą cukrową

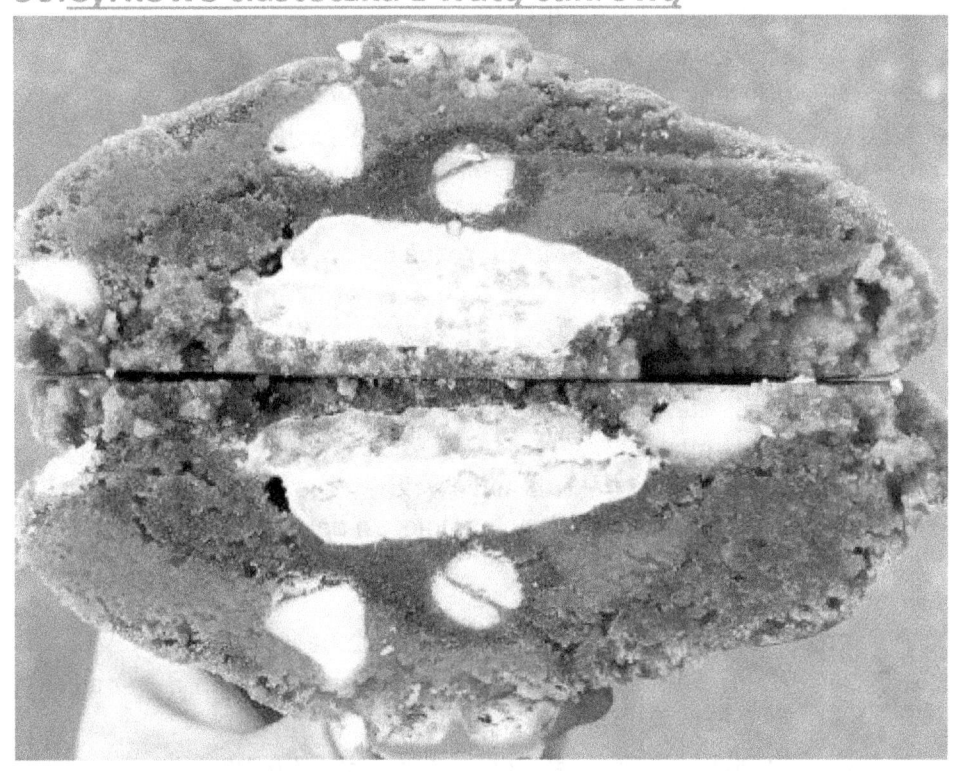

SKŁADNIKI:
NA CIASTO Z Waty CUKROWEJ:
- 2 filiżanki mąki uniwersalnej
- 1 szklanka cukru watowego (kolorowego)
- 1 szklanka niesolonego masła, zmiękczonego
- 1 szklanka kawałków białej czekolady

DO WYPEŁNIENIA:
- Wata cukrowa do farszu (różne kolory)
- Mrożone krakersy zwierzęce

DO LURU:
- 1 szklanka cukru pudru
- 2 łyżki niesolonego masła, zmiękczonego
- 2 łyżki mleka
- ½ łyżeczki ekstraktu waniliowego
- Kolorowa posypka (opcjonalnie, do dekoracji)

INSTRUKCJE:
PRZYGOTOWAĆ CIASTO Z Waty CUKROWEJ:
a) W misce miksującej utrzyj miękkie masło z cukrem watą cukrową, aż dobrze się połączą.
b) Stopniowo dodawaj mąkę, mieszając, aż powstanie ciasto.
c) Włóż kawałki białej czekolady.
d) Ciasto podzielić na równe części i uformować z nich krążki. Schłodzić przez około 30 minut.
e) Rozgrzej piekarnik do 180°C (350°F).

MONTAŻ I PIEC:
f) Każde schłodzone ciasto zaokrąglamy i spłaszczamy. Umieść niewielką ilość waty cukrowej na środku i złóż ciasto, aby przykryć watę cukrową.
g) Nafaszerowane ciasto układamy na blasze wyłożonej papierem do pieczenia.
h) Piec przez 10-12 minut lub do momentu, aż krawędzie będą lekko złociste. Pozwól im całkowicie ostygnąć.

PRZYGOTOWAĆ LUK:
i) W misce wymieszaj cukier puder, miękkie masło, mleko i ekstrakt waniliowy na gładką masę.

ZMRAŻ I Udekoruj:
j) Gdy ciasteczka ostygną, posmaruj lukrem wierzch każdego ciasteczka.
k) Udekoruj kolorowymi posypkami, aby uzyskać świąteczny akcent.

DODAJ MROŻONE KRAKERSY ZWIERZĄT:
l) Delikatnie wciśnij mrożone krakersy zwierzęce w lukier na wierzchu każdego ciasteczka.
m) Pozwól lukierowi zastygnąć i ciesz się nim.

31. Pręty z waty cukrowej

SKŁADNIKI:
- Paluszki
- Chipsy z białej czekolady
- Wata cukrowa

INSTRUKCJE:
a) Rozpuść kawałki białej czekolady w naczyniu przeznaczonym do kuchenki mikrofalowej zgodnie z instrukcją na opakowaniu.
b) Zanurz każdy pręt precla w roztopionej czekoladzie, przykrywając około 3/4 pręta.
c) Natychmiast posyp pokruszoną watą cukrową pokrytą czekoladą część pręta precla.
d) Umieść pręty precli na wyłożonej pergaminem blasze do pieczenia i poczekaj, aż czekolada zastygnie.
e) Gdy czekolada stwardnieje, precle z waty cukrowej są gotowe do spożycia!

32. Energetyczne przekąski z waty cukrowej

SKŁADNIKI:
- 1 szklanka płatków owsianych typu old fashioned
- 1/2 szklanki kremowego masła orzechowego
- 1/4 szklanki miodu
- 1/4 szklanki mielonego siemienia lnianego
- 1/4 szklanki mini kawałków czekolady
- 1/4 szklanki pokruszonej waty cukrowej
- 1 łyżeczka ekstraktu waniliowego

INSTRUKCJE:
a) W misce wymieszaj płatki owsiane, masło orzechowe, miód, zmielone siemię lniane, kawałki czekolady, pokruszoną watę cukrową i ekstrakt waniliowy.
b) Mieszaj, aż dobrze się połączą.
c) Rozwałkuj mieszaninę na małe kulki o średnicy około 1 cala.
d) Kulki układamy na blasze wyłożonej papierem do pieczenia.
e) Przechowywać w lodówce przez co najmniej 30 minut, aby kęsy energetyczne stwardniały.

33. Popsy z watą cukrową

SKŁADNIKI:
- 1 opakowanie mieszanki ciast (o smaku do wyboru)
- Składniki potrzebne do ciasta (jajka, olej, woda)
- Lukier (smak do wyboru)
- Wata cukrowa
- Patyczki do lizaków
- Cukierki rozpływające się lub kawałki czekolady (opcjonalnie)

INSTRUKCJE:
a) Przygotuj masę na ciasto zgodnie z instrukcją na pudełku.
b) Po upieczeniu i ostygnięciu pokruszyć ciasto do dużej miski.
c) Dodaj lukier do pokruszonego ciasta i mieszaj, aż dobrze się połączą i mieszanina będzie się trzymać razem.
d) Z powstałej masy uformuj małe kulki i w każdą kulkę włóż lizak.
e) Rozpuść cukierki lub kawałki czekolady (jeśli używasz) i zanurz każdy pop w roztopionej polewie, pozwalając, aby nadmiar spłynął.
f) Gdy polewka jest jeszcze wilgotna, posyp ciasto pokruszoną watą cukrową.
g) Umieścić cake pops pionowo na stojaku lub na blasze wyłożonej papierem do pieczenia, aby umożliwić stwardnienie powłoki.
h) Po ustawieniu Twoje ciasteczka z watą cukrową są gotowe do spożycia!

34. Kora czekolady z waty cukrowej

SKŁADNIKI:

- 12 uncji białej czekolady, posiekanej
- Syrop o smaku waty cukrowej
- Wata cukrowa do dekoracji
- Skittlesy lub M&Msy

INSTRUKCJE:

a) Blachę do pieczenia wyłóż papierem pergaminowym.
b) W misce przeznaczonej do kuchenki mikrofalowej roztapiaj białą czekoladę w 30-sekundowych odstępach, mieszając pomiędzy każdym interwałem, aż masa będzie gładka.
c) Mieszaj syrop aromatyzujący z waty cukrowej, aż do całkowitego połączenia.
d) Na przygotowaną blachę wylać roztopioną czekoladę i równomiernie ją rozprowadzić.
e) Roztopioną czekoladę posyp pokruszonymi kawałkami waty cukrowej i kręgli lub M&M'S.
f) Przechowywać w lodówce przez 1-2 godziny lub do momentu stwardnienia.
g) Po stwardnieniu połam korę na kawałki i podawaj.

35.Mieszanka waty cukrowej Chex

SKŁADNIKI:

- 4 szklanki płatków Chex (dowolna odmiana)
- 1 szklanka paluszków precli
- 1 szklanka mini pianek marshmallow
- 1/2 szklanki kawałków białej czekolady
- 1/4 szklanki waty cukrowej

INSTRUKCJE:

a) W dużej misce wymieszaj płatki Chex, paluszki precli i mini pianki marshmallow.
b) Rozpuść kawałki białej czekolady w naczyniu przeznaczonym do kuchenki mikrofalowej zgodnie z instrukcją na opakowaniu.
c) Wlać roztopioną białą czekoladę na mieszankę zbożową i mieszać, aż pokryje się równomiernie.
d) Posyp mieszaninę pokruszoną watą cukrową i delikatnie wymieszaj, aby ją rozprowadzić.
e) Rozłóż mieszaninę na blasze do pieczenia wyłożonej papierem pergaminowym i pozostaw do ostygnięcia i zastygnięcia.
f) Po stwardnieniu połam mieszankę Chex na kawałki i ciesz się słodką i chrupiącą mieszanką Chex z waty cukrowej!

36.Batoniki z watą cukrową i granolą

SKŁADNIKI:

- 2 szklanki tradycyjnych płatków owsianych
- 1 szklanka chrupiących płatków ryżowych
- 1/2 szklanki miodu
- 1/2 szklanki kremowego masła orzechowego
- 1/4 szklanki pokruszonej waty cukrowej
- 1/4 szklanki mini kawałków czekolady

INSTRUKCJE:

a) W dużej misce wymieszaj płatki owsiane i chrupiące płatki ryżowe.
b) W małym rondlu podgrzej miód i masło orzechowe na małym ogniu, aż się rozpuszczą i dobrze połączą.
c) Wlać mieszaninę masła orzechowego na mieszankę owsa i płatków zbożowych i mieszać, aż pokryje się równomiernie.
d) Wymieszać z pokruszoną watą cukrową i mini kawałkami czekolady.
e) Całość mocno dociśnij do wyłożonej papierem formy do pieczenia i wstaw do lodówki na co najmniej 1 godzinę, aby masa stwardniała.
f) Po zastygnięciu pokrój w batony i ciesz się domowymi batonikami z waty cukrowej!

37.Wata cukrowa Marshmallow Pops

SKŁADNIKI:
- Duże pianki
- Wata cukrowa
- Patyczki do lizaków

INSTRUKCJE:
a) Włóż patyczek lizaka do każdej pianki.
b) Na każdej piance marshmallow umieść mały kawałek waty cukrowej, delikatnie dociskając, aby przylegał.
c) Podawaj bez zmian lub delikatnie opiekaj pianki marshmallow, aby uzyskać zabawny akcent.
d) Ciesz się puszystymi i kolorowymi piankami z waty cukrowej!

38. Batony Sernikowe Z Watą Cukrową

SKŁADNIKI:

- 1 1/2 szklanki okruszków krakersów graham
- 1/4 szklanki cukru
- 1/2 szklanki niesolonego masła, roztopionego
- 16 uncji serka śmietankowego, zmiękczonego
- 1/2 szklanki cukru
- 2 jajka
- 1 łyżeczka ekstraktu waniliowego
- Syrop o smaku waty cukrowej
- Wata cukrowa do dekoracji

INSTRUKCJE:

a) Rozgrzej piekarnik do 175°C i wyłóż naczynie do pieczenia papierem pergaminowym.
b) W misce wymieszaj okruchy krakersów graham, cukier i roztopione masło, aż się połączą.
c) Wciśnij mieszaninę na dno przygotowanej formy do pieczenia, tworząc skórkę.
d) W drugiej misce ubij serek śmietankowy, cukier, jajka i ekstrakt waniliowy na gładką masę.
e) Dodaj kilka kropli syropu aromatyzującego watę cukrową, aż składniki dobrze się połączą.
f) Na spód wylewamy masę serową i równomiernie ją rozprowadzamy.
g) Piec przez 25-30 minut lub do momentu, aż krawędzie się zetną, a środek będzie lekko drgający.
h) Pozostawić do całkowitego ostygnięcia, następnie przechowywać w lodówce przez co najmniej 2 godziny lub do momentu wystygnięcia.
i) Przed podaniem pokroić w paski i udekorować każdy kawałkiem waty cukrowej.

39. Ciasteczka nadziewane watą cukrową

SKŁADNIKI:
- Gotowe ciasto na ciasteczka lub domowe ciasto na ciasteczka
- Wata cukrowa

INSTRUKCJE:

a) Rozgrzej piekarnik zgodnie z instrukcją dotyczącą ciasta na ciasteczka.
b) Odrywaj niewielką porcję ciasta i spłaszczaj je w dłoni.
c) Na środku ciasta umieść mały kawałek waty cukrowej.
d) Złóż ciasto wokół waty cukrowej, upewniając się, że jest całkowicie przykryte.
e) Nadziewane kulki ciasta ciasteczkowego układamy na blasze wyłożonej papierem do pieczenia.
f) Piec zgodnie z instrukcją dotyczącą ciasta na ciasteczka na złoty kolor.
g) Pozostaw do lekkiego ostygnięcia, a następnie ciesz się niespodziewanymi ciasteczkami nadziewanymi watą cukrową!

40. Wata cukrowa Marshmallow Płatki zbożowe

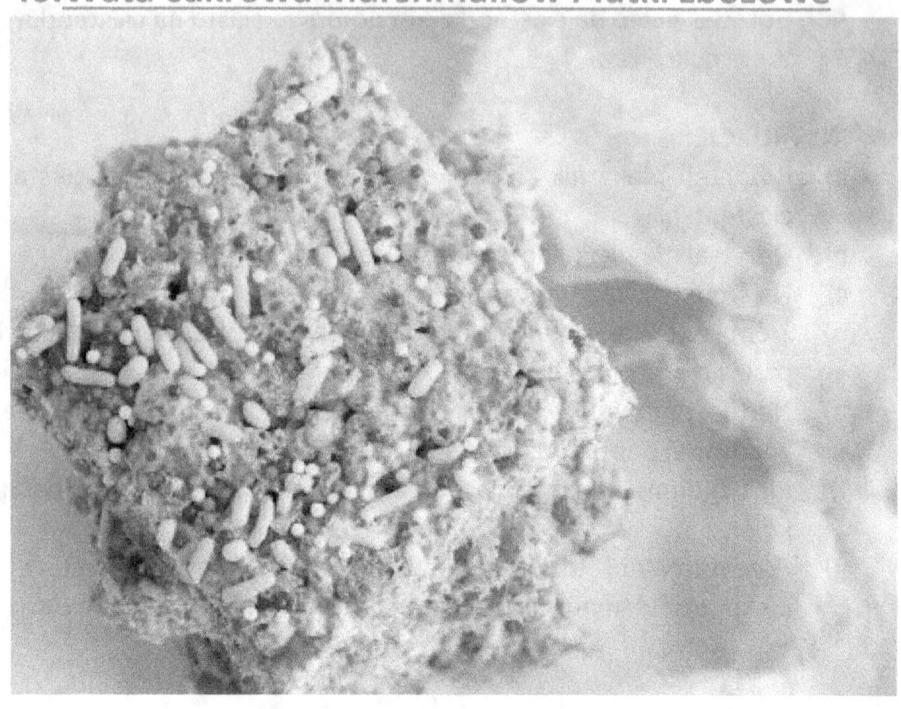

SKŁADNIKI:
- 4 szklanki mini pianek marshmallow
- 6 szklanek chrupiących płatków ryżowych
- 1/4 szklanki niesolonego masła
- Wata cukrowa

INSTRUKCJE:
a) W dużym garnku roztapiamy masło na małym ogniu.
b) Dodaj mini pianki do garnka i mieszaj, aż całkowicie się rozpuszczą i będą gładkie.
c) Zdejmij garnek z ognia i dodaj chrupiące płatki ryżowe, aż pokryją się równomiernie.
d) Dodaj małe kawałki waty cukrowej do mieszanki i delikatnie wymieszaj, aż się rozprowadzą.
e) Wciśnij mieszaninę do natłuszczonej formy do pieczenia i pozostaw do ostygnięcia i zestalenia.
f) Po zastygnięciu pokrój w kwadraty i ciesz się płatkami zbożowymi z waty cukrowej i pianką marshmallow!

SPADY

41. Dip z waty cukrowej

SKŁADNIKI:
- 8 uncji blokowego serka śmietankowego, zmiękczonego
- 1 szklanka gęstej śmietanki do ubijania
- 2 uncje waty cukrowej
- ½ szklanki cukru pudru
- Barwnik spożywczy w żelu (w razie potrzeby)

INSTRUKCJE:

a) Do małej miski wlej gęstą śmietankę i dodaj watę cukrową. Krem błyskawicznie rozpuści watę cukrową. Za pomocą miksera ubijaj śmietanę, aż utworzą się miękkie szczyty. Odłożyć na bok.

b) W średniej misce wymieszaj serek śmietankowy i cukier puder, aż uzyskasz gładką masę.

c) Wlać mieszaninę ubitej śmietany.

d) W razie potrzeby dodaj kilka kropli barwnika spożywczego w żelu, aby uzyskać pożądany kolor.

e) Schładzamy przez godzinę i podajemy z ciasteczkami lub krakersami graham.

42. Dip Marshmallow z waty cukrowej

SKŁADNIKI:
- 1 szklanka pianek marshmallow
- 1/2 szklanki bitej śmietany
- 2 łyżki syropu aromatyzującego watę cukrową
- Wata cukrowa do dekoracji

INSTRUKCJE:
a) W misce wymieszaj piankę marshmallow, bitą śmietanę i syrop aromatyzujący z waty cukrowej.
b) Mieszaj, aż składniki dobrze się połączą i uzyskają kremową konsystencję.
c) Przełóż dip do miski i udekoruj wierzch watą cukrową.
d) Podawać z szaszłykami owocowymi, preclami lub ciasteczkami do maczania.

43. Dip Jogurtowy z Waty Cukrowej

SKŁADNIKI:
- 1 szklanka jogurtu greckiego
- 2 łyżki miodu
- 1/4 szklanki syropu aromatyzującego watę cukrową
- Wata cukrowa do dekoracji

INSTRUKCJE:
a) W misce wymieszaj jogurt grecki, miód i syrop aromatyzujący z waty cukrowej, aż masa będzie gładka.
b) Przełóż dip do miski i udekoruj wierzch watą cukrową.
c) Podawać z plasterkami świeżych owoców, preclami lub krakersami graham do maczania.

44. Dip czekoladowy z waty cukrowej

SKŁADNIKI:

- 1 szklanka kawałków czekolady
- 1/2 szklanki gęstej śmietanki
- 2 łyżki syropu aromatyzującego watę cukrową
- Wata cukrowa do dekoracji

INSTRUKCJE:

a) W misce przeznaczonej do kuchenki mikrofalowej podgrzewaj kawałki czekolady i gęstą śmietankę w 30-sekundowych odstępach, aż się rozpuszczą i będą gładkie, mieszając w międzyczasie.
b) Mieszaj syrop aromatyzujący z waty cukrowej, aż dobrze się połączy.
c) Przełóż dip do miski i udekoruj wierzch watą cukrową.
d) Podawać z preclami, piankami marshmallow lub owocami do maczania.

45. Dip owocowy z waty cukrowej

SKŁADNIKI:
- 1 szklanka kremu marshmallow
- 8 uncji serka śmietankowego, zmiękczonego
- 1/4 szklanki syropu aromatyzującego watę cukrową
- Wata cukrowa do dekoracji

INSTRUKCJE:
a) W misce miksującej wymieszaj krem marshmallow i miękki serek śmietankowy na gładką masę.
b) Stopniowo dodawaj syrop smakowy z waty cukrowej, aż składniki dobrze się połączą.
c) Przełóż dip do miski i udekoruj wierzch watą cukrową.
d) Podawać z różnymi świeżymi owocami do maczania.

46. Dip z waty cukrowej i masłem orzechowym

SKŁADNIKI:

- 1 szklanka kremowego masła orzechowego
- 1/2 szklanki cukru pudru
- 1/4 szklanki syropu aromatyzującego watę cukrową
- Wata cukrowa do dekoracji

INSTRUKCJE:

a) W misce wymieszaj kremowe masło orzechowe z cukrem pudrem na gładką masę.
b) Stopniowo dodawaj syrop smakowy z waty cukrowej, aż składniki dobrze się połączą.
c) Przełóż dip do miski i udekoruj wierzch watą cukrową.
d) Podawać z preclami, plasterkami jabłka lub krakersami do maczania.

47. Dip z bitą śmietaną waty cukrowej

SKŁADNIKI:
- 1 szklanka gęstej śmietanki
- 1/4 szklanki cukru pudru
- 1/4 szklanki syropu aromatyzującego watę cukrową
- Wata cukrowa do dekoracji

INSTRUKCJE:
a) W misie miksera ubić śmietankę z cukrem pudrem na sztywną pianę.
b) Delikatnie wymieszaj syrop aromatyzujący z waty cukrowej, aż do równomiernego rozprowadzenia.
c) Przełóż dip z bitą śmietaną do miski i udekoruj watą cukrową na wierzchu.
d) Podawać z ciasteczkami, owocami lub ciastem do maczania.

DESER

48.Eklery z waty cukrowej

SKŁADNIKI:
NA CIASTO CHOUX:
- 1 szklanka wody
- ½ szklanki niesolonego masła
- 1 Mąkę o wszechstronnym przeznaczeniu
- 4 duże jajka

DO WYPEŁNIENIA:
- 2 szklanki kremu cukierniczego o smaku waty cukrowej

DO DEKOROWANIA Z Waty Cukrowej:
- Wata cukrowa do posypania

DO SZKLIWIENIA:
- ½ szklanki białej czekolady, posiekanej
- ¼ szklanki niesolonego masła
- 1 szklanka cukru pudru
- ¼ szklanki gorącej wody

INSTRUKCJE:
CIASTO CHOUX:
a) Rozgrzej piekarnik do 190°C i wyłóż blachę do pieczenia papierem pergaminowym.
b) W rondlu połącz wodę i masło. Podgrzewaj na średnim ogniu, aż masło się roztopi i mieszanina zagotuje.
c) Zdejmij z ognia, dodaj mąkę i energicznie mieszaj, aż mieszanina utworzy kulę.
d) Pozostaw ciasto do ostygnięcia na kilka minut, następnie dodawaj po jednym jajku, dobrze ubijając po każdym dodaniu.
e) Ciasto przełożyć do rękawa cukierniczego i wycisnąć eklery na przygotowaną blachę.
f) Piec przez około 30 minut lub do złotego koloru. Pozwól ostygnąć.

POŻYWNY:
g) Przygotuj krem do ciast o smaku waty cukrowej. Możesz dodać aromat waty cukrowej lub pokruszoną watę cukrową do klasycznego przepisu na krem do ciasta lub użyć gotowego kremu do ciasta o smaku waty cukrowej.
h) Napełnij eklery kremem cukierniczym o smaku waty cukrowej za pomocą rękawa cukierniczego lub małej łyżeczki.

Dekoracja z waty cukrowej:
i)   Tuż przed podaniem posyp każdy ekler pęczkiem waty cukrowej, aby nadać mu fantazyjny akcent.

GLAZURA:
j)   W żaroodpornej misce rozpuść białą czekoladę z masłem na podwójnym bojlerze.
k)   Zdejmij z ognia, dodaj cukier puder i stopniowo dodawaj gorącą wodę, aż masa będzie gładka.
l)   Zanurz wierzch każdego eklera w polewie z białej czekolady, zapewniając równomierne pokrycie. Pozwól, aby nadmiar spłynął.
m) Połóż oszklone eklery na blasze i poczekaj aż ostygną, aż biała czekolada stwardnieje.
n)   Podawaj schłodzone i poczuj słodką nostalgię za eklerami z waty cukrowej!

49. Babeczki z waty cukrowej

SKŁADNIKI:
BABECZKI WANILIOWE
- 1⅓ szklanki zwykłej mąki
- 1 ½ łyżeczki proszku do pieczenia
- ¼ łyżeczki soli
- ½ szklanki niesolonego masła, temperatura pokojowa
- ¾ szklanki cukru pudru
- 2 duże jajka, temperatura pokojowa
- 1 ½ łyżeczki ekstraktu waniliowego
- ½ szklanki mleka, temperatura pokojowa

LUK Z WATYNY CUKIEROWEJ
- ½ szklanki masła, temperatura pokojowa
- 4 szklanki cukru pudru lub pudru
- 2-3 łyżki mleka
- Kilka kropel aromatu waty cukrowej
- Kilka kropli żelu spożywczego, takiego jak turkusowy, fioletowy i fioletowy

INSTRUKCJE:
a) Rozgrzej piekarnik do 180 C (350 F) standardowo / 160 C (320 F) z termoobiegiem. Formę do muffinów z 12 otworami wyłóż papilotkami.

b) Do miski przesiać mąkę, proszek do pieczenia i sól, wymieszać. W dużej misce utrzyj masło z cukrem za pomocą elektrycznego ubijaka przez około 3-4 minuty lub do momentu, aż masa będzie jasna i kremowa.

c) Dodawaj jajka, jedno po drugim i ubijaj, aż składniki się połączą. W osobnym dzbanku dodaj ekstrakt waniliowy do mleka.

d) Dodaj około jedną trzecią mieszanki mąki i połowę mieszanki mleka. Delikatnie wymieszaj szpatułką, następnie dodaj kolejną trzecią mąki i resztę mleka. Na koniec dodaj końcową mieszaninę mąki. Ciasto na babeczki powinno być ładne i kremowe. Staraj się nie przesadzać z mieszaniem.

e) Wypełnij przygotowane foremki na babeczki. Wstaw do piekarnika na około 16-18 minut lub do czasu, aż ciasta będą złociste z wierzchu i odskoczą po lekkim dotknięciu. Przełóż babeczki na metalową kratkę, aby całkowicie ostygły.

f) Aby przygotować lukier, utrzyj masło mikserem elektrycznym, aż masa stanie się kremowa i jasna. Przesiej połowę cukru pudru i jedną łyżkę mleka.
g) Ubijaj do połączenia, a następnie dodaj pozostały cukier puder i mleko. Jeśli uważasz, że mieszanka jest zbyt sucha, dodaj kolejną łyżkę mleka. Tylko bądź ostrożny, ponieważ chcesz, aby lukier był wystarczająco gęsty, aby zachować swój kształt podczas wyciskania. Dodaj kilka kropel aromatu waty cukrowej – do smaku.
h) Rozłóż lukier do trzech oddzielnych misek. Do każdej miski dodaj kilka kropli barwnika spożywczego i mieszaj łyżką, aż uzyskasz pożądany kolor.
i) Chwyć rękaw do wyciskania i włóż na koniec dużą końcówkę w kształcie gwiazdki. Bardzo delikatnie dodawaj po łyżkach jednego lukru i staraj się trzymać go z boku rękawa cukierniczego. Powtórz z pozostałymi kolorami. Zasadniczo próbujesz ustawić kolory w rękawie cukierniczym pionowo. Nie musisz być dokładny, po prostu zrób wszystko, co w Twojej mocy.
j) Delikatnie dociśnij, aby usunąć pęcherzyki powietrza i dociśnij lukier do końcówki. Przekręć górę torebki i wyciśnij lukier na babeczki. Pierwszy prawdopodobnie nie będzie miał wszystkich trzech kolorów, więc użyj go jako testu.

50.Lody z watą cukrową bez ubijania

SKŁADNIKI:

- 2 szklanki bardzo zimnej, ciężkiej śmietany do ubijania
- 1 14-uncjowa puszka słodzonego skondensowanego mleka, zimna
- 2 łyżeczki aromatu waty cukrowej
- Barwnik spożywczy w kolorze różowym i niebieskim (opcjonalnie)

INSTRUKCJE:

a) Umieść formę do pieczenia chleba i dużą miskę i włóż do zamrażarki na około 30 minut, zanim będziesz gotowy do użycia. Upewnij się, że śmietana do ubijania i mleko skondensowane są bardzo zimne.

b) W dużej misce lub misie miksera ubijaj śmietanę, aż powstanie sztywna piana, co zwykle zajmuje około 4 minut.

c) W średniej misce wymieszaj słodzone skondensowane mleko i aromat waty cukrowej, aż do uzyskania gładkiej konsystencji.

d) Stopniowo dodawaj skondensowaną mieszaninę mleka do ubitej śmietany, delikatnie ją mieszając. Ten krok zapewnia soczyście gładką konsystencję.

e) Podzielić mieszaninę do dwóch oddzielnych misek, każda miska zawiera około 3 filiżanek. Aby uzyskać dodatkową odrobinę fantazji, użyj różowego barwnika spożywczego w jednej misce i niebieskiego w drugiej.

f) Wyjmij formę do pieczenia lub pojemnik z zamrażarki i wrzucaj do niej łyżki masy lodowej.

g) Podnieś atrakcyjność wizualną, posypując górę patelni zabawnymi posypkami lub jimmies. Bądź kreatywny w swoich wyborach!

h) Pozwól lodom stwardnieć, wkładając je do zamrażarki na noc. Ten krok zapewnia jędrną i zachwycającą konsystencję, która zaspokoi Twój apetyt na słodycze.

51.Ciasto warstwowe z waty cukrowej

SKŁADNIKI:
NA CIASTO:
- 1 szklanka pełnego mleka
- 6 dużych białek jaj
- 2 łyżeczki ekstraktu z waty cukrowej
- 2 ¼ szklanki mąki tortowej
- 1 ¾ szklanki granulowanego cukru
- 4 łyżeczki proszku do pieczenia
- Posypka
- 12 łyżek masła
- Barwnik spożywczy różowy lub niebieski (opcjonalnie)

NA SYROP WATONOWY PROSTY:
- ½ szklanki cukru z waty cukrowej
- ½ szklanki wody

NA lukier z waty cukrowej:
- ½ łyżeczki ekstraktu z waty cukrowej
- 3 kostki solonego masła, zmiękczone
- 5 szklanek cukru pudru
- 2-3 łyżki gęstej śmietanki do ubijania

DLA OPCJONALNYCH DEKORACJI:
- Wata cukrowa lub cukierek skalny

INSTRUKCJE:
NA CIASTO:
a) Rozgrzej piekarnik do 350°F. Obficie posmaruj masłem i mąką dwie formy do ciasta o średnicy 8 lub 9 cali i odłóż je na bok.
b) W dużej szklanej miarce do cieczy wymieszaj mleko, białka jaj i aromat waty cukrowej. Odłóż tę magiczną miksturę na bok.
c) W dużej misce wymieszaj mąkę, cukier, proszek do pieczenia i posypkę. Ubij mieszaninę mąki i masła na małej prędkości, aż uzyskasz kruszonkę, około 3 minuty.
d) Mikserem na niskich obrotach dodaj całą, z wyjątkiem ½ szklanki, mieszaninę mleka. Zwiększ prędkość do średniej i ubijaj przez około 3 minuty, aż masa będzie gładka.
e) W razie potrzeby zeskrob boki miski. Ubijaj pozostałą mieszaninę mleka, aż się wymiesza.

f) Wymieszaj ciasto na koniec gumową szpatułką, zdrapując dno miski, aby upewnić się, że wszystko zostało całkowicie połączone. Ciasto wylewamy równomiernie do przygotowanych foremek, wyrównujemy ich wierzch.
g) Piec przez około 20 minut lub do momentu, aż wierzch ciasta będzie brązowy, a środek odskoczy po lekkim dotknięciu.
h) Wyjmij z piekarnika i pozostaw ciasta do ostygnięcia w formie na około 5 minut, a następnie przełóż je na metalową kratkę, aby całkowicie ostygły.

NA SYROP WATONOWY PROSTY:
i) W małym, ciężkim rondlu wymieszaj cukier z waty cukrowej i wodę na średnim ogniu, aż mieszanina się zagotuje. Gotuj przez 3 minuty, od czasu do czasu mieszając, aż cukier się rozpuści, a mieszanina pokryje grzbiet łyżki.
j) Syrop przelej do małej filiżanki lub miski i włóż do lodówki, aż ostygnie.

DO LUKRU:
k) W misie miksera ubij masło, syrop cukrowy i aromat waty cukrowej na średniej prędkości, aż masa będzie gładka.
l) Mikserem na niskich obrotach powoli dodawaj cukier puder, aż składniki się połączą. Dodaj ciężką śmietanę, następnie powoli zwiększ prędkość miksera do wysokich i ubijaj przez minutę, aż masa będzie jasna i puszysta.

MONTAŻ I Udekorowanie:
m) Złóż i posmaruj schłodzone ciasto, a jeśli chcesz, udekoruj je cukierkami.

52.Kanapki z lodami waty cukrowej

SKŁADNIKI:
- Lody o smaku waty cukrowej
- Ciasteczka z miękkim cukrem (kupne lub domowe)
- Posypka (opcjonalnie)

INSTRUKCJE:
a) Pozwól, aby lody o smaku waty cukrowej lekko zmiękły w temperaturze pokojowej.
b) Połóż gałkę lodów na spodzie ciasteczka z cukrem.
c) Na wierzch ułóż kolejne ciasteczko, delikatnie dociskając, aby ułożyć lody.
d) W razie potrzeby obtocz krawędzie kanapki z lodami w posypce.
e) Powtórz tę czynność z pozostałymi ciasteczkami i lodami.
f) Włóż kanapki z lodami do zamrażarki na co najmniej 1 godzinę, aby stwardniały.
g) Gdy stwardnieją, kanapki z lodami z waty cukrowej są gotowe do spożycia!

53. Marmurkowa Krówka z Waty Cukrowej

SKŁADNIKI:
- 24 uncje kory białej czekolady
- 1 puszka (14 uncji) słodzonego skondensowanego mleka
- 2 łyżeczki ekstraktu z waty cukrowej
- Jasnoniebieski barwnik spożywczy w żelu
- Jasnoróżowy barwnik spożywczy w żelu

INSTRUKCJE:
a) Wyłóż blachę o wymiarach 8 x 8 cali folią aluminiową lub papierem pergaminowym, zapewniając późniejsze łatwe uwolnienie krówki.
b) Umieść korę białej czekolady w misce nadającej się do kuchenki mikrofalowej. Podgrzewaj w kuchence mikrofalowej co 30 sekund, często mieszając, aż kora całkowicie się roztopi.
c) Dodaj słodzone mleko skondensowane i aromat waty cukrowej do roztopionej białej czekolady, tworząc wyśmienitą bazę krówkową.
d) Podziel masę krówkową na dwie miski. Do jednej miski dodaj niewielką ilość niebieskiego barwnika spożywczego, a do drugiej różowego. Dostosuj ilość w oparciu o intensywność żelu barwiącego żywność.

MONTAŻ:
e) Wrzucaj losowo miarki każdej kolorowej mieszanki na przygotowaną patelnię.
f) Użyj wykałaczki, aby pomysłowo wymieszać kolory, tworząc hipnotyzujący marmurkowy wygląd, który odzwierciedla fantazję waty cukrowej.
g) Krówkę przechowuj w lodówce przez co najmniej 2 godziny lub do momentu, aż będzie twarda i stwardniała.
h) Po stwardnieniu pokrój krówkę na zachwycające kawałki, z których każdy zawiera magiczną mieszankę smaków waty cukrowej. Służ i patrz, jak rozwija się radość!

54. Kanapki z watą cukrową

SKŁADNIKI:
W przypadku kanapek z watą cukrową:
- 1-¼ szklanki granulowanego cukru
- ½ szklanki niesolonego masła, temperatura pokojowa
- ¼ szklanki maślanki
- 1 jajko
- 1 łyżeczka JRC Płynna wata cukrowa* lub aromat waty cukrowej
- 2-¼ szklanki mąki uniwersalnej
- ¾ łyżeczki sody oczyszczonej
- ¼ łyżeczki soli
- ½ łyżeczki proszku do pieczenia
- 1 kropla miękkiego różowego barwnika spożywczego w żelu
- 1 kropla błękitnego barwnika spożywczego w żelu

NA KREM Z Waty CUKIEROWEJ:
- 1 szklanka niesolonego masła, temperatura pokojowa
- 1-½ szklanki cukru pudru
- 2 łyżeczki JRC Płynna wata cukrowa* lub aromat waty cukrowej
- 1 kropla miękkiego różowego barwnika spożywczego w żelu
- 1 kropla błękitnego barwnika spożywczego w żelu

INSTRUKCJE:
PRZYGOTUJ CUKIEROWE CIASTKA:
a) Rozgrzej piekarnik do 350 stopni F i wyłóż blachy do pieczenia papierem pergaminowym.
b) Cukier i masło utrzyj w mikserze na jasną i puszystą masę.
c) W małej misce wymieszaj maślankę, jajko i aromat waty cukrowej. Powoli dodawaj do masy maślanej, mieszając aż do całkowitego połączenia.
d) Dodaj mąkę, sodę oczyszczoną, sól i proszek do pieczenia i mieszaj, aż ciasto będzie się łączyć i będzie odchodzić od ścianek miski.
e) Podzielić ciasto i dodać do jednej części różowy barwnik spożywczy, a do drugiej niebieski. Delikatnie wymieszaj ciasto.
f) Nabieraj ciasto na blachę do pieczenia i spłaszczaj dłonią.
g) Piec 6-10 minut, aż brzegi zaczną się rumienić.

PRZYGOTUJ KREM MASŁA:

h) W mikserze ubijaj masło przez około 2 minuty. Stopniowo dodawaj cukier puder i ubijaj na średnim poziomie przez 2 minuty, aż masa będzie jasna i puszysta.

i) Dodaj aromat waty cukrowej i ubijaj na wysokich obrotach przez kolejną minutę.

j) Podzielić krem maślany i pomalować jedną część na różowo, a drugą na niebiesko.

MONTAŻ:

k) Przełożyć krem maślany do rękawa cukierniczego wyposażonego w końcówkę nr 8B, naprzemiennie różowy i niebieski.

l) Wyciśnij krem maślany na połowę ciasteczek, pozostawiając ½-calowy pierścień odsłonięty na krawędziach.

m) Na wierzchu ułóż pozostałe ciasteczka, delikatnie je dociskając, tworząc ciasteczka kanapkowe.

n) Schłodzić w lodówce, aby ułatwić obsługę.

o) Ciasteczka przechowuj w szczelnym pojemniku w lodówce do 4 dni.

55. Krówka piankowa z waty cukrowej

SKŁADNIKI:

- 2 szklanki cukru
- ¾ szklanki masła
- 12 uncji białej czekolady lub kawałków wanilii
- Krem marshmallow w słoiczku o pojemności 7 uncji
- ¾ szklanki ciężkiej śmietany do ubijania
- 1 ½ łyżeczki aromatu waty cukrowej
- Różowy barwnik spożywczy

INSTRUKCJE:

a) Wyłóż patelnię o wymiarach 13 x 9 cali folią i obficie spryskaj ją sprayem zapobiegającym przywieraniu.
b) Utwórz bazę krówek:
c) W rondlu połącz cukier, masło, śmietankę i masło na małym ogniu. Mieszaj, aż cukier całkowicie się rozpuści.
d) Po rozpuszczeniu doprowadzić mieszaninę do wrzenia, ciągle mieszając przez około 4 minuty.
e) Zdjąć z ognia i wymieszać z kremem marshmallow i kawałkami wanilii, aż wszystkie kawałki się rozpuszczą.

UKŁADAĆ KRÓWKĘ:

f) Wlać ¾ masy krówkowej do przygotowanej formy wyłożonej folią.
g) Dodaj aromat waty cukrowej do pozostałej masy krówkowej w rondlu, mieszając, aż dobrze się połączą.

TWÓRZ WIRY:

h) Upuść lub skropij łyżkami mieszanki o smaku waty cukrowej na krówki znajdujące się już na patelni.
i) Dodaj 2-3 krople różowego barwnika spożywczego w różnych miejscach na wierzchu krówki. Za pomocą noża do masła przekrój krówkę, tworząc zniewalające zawijasy.
j) Przykryj patelnię i pozostaw krówkę do stężenia w lodówce, aż stwardnieje.
k) Po zastygnięciu wyjmij krówkę z formy podnosząc ją wraz z folią. Pokrój w urocze kwadraty.

56.Niebieskie ciasto z watą cukrową

SKŁADNIKI:
SKŁADNIKI CIASTA
- 355 ml sody z waty cukrowej – w razie potrzeby można użyć sody śmietankowej
- 1 - 15 uncji Pudełko Mieszanki Białego Ciasta
- Jasnoniebieski barwnik spożywczy, opcjonalnie

SKŁADNIKI MROŻENIA
- 1 szklanka napoju gazowanego waty cukrowej – lub użyj 1 łyżeczki ekstraktu smakowego waty cukrowej
- 1/2 szklanki masła, miękkiego
- 4 szklanki cukru pudru
- 1 - 2 łyżki mleka
- Jasnoniebieski barwnik spożywczy, opcjonalnie
- Pastelowe posypki według uznania

INSTRUKCJE:
a) Rozgrzej piekarnik do 350 stopni F.
b) Nasmaruj naczynie żaroodporne o wymiarach 9 x 11 cali i odłóż na bok.
c) W dużej misce ubijaj mieszankę białego ciasta i watę cukrową przez 2 minuty. W razie potrzeby dostosuj kolor za pomocą jasnoniebieskiego barwnika spożywczego. (Jeśli używasz, spraw, aby ciasto było bardziej niebieskie niż chcesz, aby gotowe ciasto było, ponieważ rozjaśni się podczas pieczenia.)
d) Piec 25 – 30 minut, aż wbita wykałaczka będzie sucha.
e) Przed nałożeniem lukru poczekaj, aż ciasto całkowicie ostygnie.
f) W międzyczasie umieść 1 szklankę waty cukrowej w rondlu i podgrzewaj do wrzenia na średnim ogniu.
g) Zredukuj do średnio-niskiego poziomu i gotuj na wolnym ogniu, aż zmniejszy się do 1/4 (powinny pozostać 2 uncje sody). Pozostawić do całkowitego ostygnięcia.
h) W dużej misce ubijaj masło i sproszkowany cukier puder przez 2 minuty, następnie dodaj zredukowaną watę cukrową.
i) Ubij, aby połączyć, a następnie dodaj mleko w razie potrzeby, aby uzyskać konsystencję nadającą się do smarowania. W razie

potrzeby dostosuj kolor za pomocą niebieskiego barwnika spożywczego.
j) Za pomocą przesuniętej szpatułki rozprowadź lukier na schłodzonym cieście.
k) Aby uzyskać zabawną teksturę pokazaną na zdjęciach, krótkimi pociągnięciami rozprowadź lukier, a następnie wróć na lukrowane ciasto i lekko je szorstkuj.
l) Udekoruj ciasto posypką według uznania.

57. Ciasteczka z waty cukrowej

SKŁADNIKI:

- 1 szklanka niesolonego masła o temperaturze pokojowej
- 1 ¼ szklanki granulowanego cukru
- 1 jajko lub ⅓ szklanki aquafaby
- 1 łyżeczka aromatu waty cukrowej
- ½ łyżeczki ekstraktu waniliowego
- 2 filiżanki mąki uniwersalnej
- 1 ½ łyżeczki proszku do pieczenia
- ½ łyżeczki soli

INSTRUKCJE:

a) Rozgrzej piekarnik do 350 stopni F i wyłóż blachę do pieczenia papierem pergaminowym. Odłożyć na bok.
b) W średniej misce wymieszaj mąkę uniwersalną, proszek do pieczenia i sól. Odłożyć na bok.
c) Za pomocą miksera utrzyj cukier z masłem na jasną i puszystą masę.
d) Dodaj jajko lub aquafabę, aromat waty cukrowej i ekstrakt waniliowy. Mieszaj, aż dobrze się połączą.
e) Powoli dodawaj mąkę do mokrych składników, cały czas miksując na niskich obrotach. Gdy ciasto się połączy, podziel je na dwie części.
f) Włóż jedną partię ciasta do miksera i dodaj różowy barwnik spożywczy w żelu, powoli mieszając aż do połączenia.
g) Delikatnie wyczyść miskę, a następnie dodaj pozostałe ciasto, dodając niebieski barwnik spożywczy w żelu i mieszaj na niskich obrotach, aż składniki się dobrze połączą.
h) Używając ¼ miarki, weź połowę niebieskiego i pół różowego ciasta, zwiń je w kulkę i połóż na wyłożonej papierem blasze.
i) Piec przez 10-12 minut lub do momentu, aż krawędzie będą lekko złociste.
j) Ciesz się wspaniałymi ciasteczkami z waty cukrowej!

58. Trufle Oreo z waty cukrowej

SKŁADNIKI:
- 20 ciasteczek Oreo z watą cukrową
- 6 uncji serka śmietankowego, zmiękczonego
- 1 opakowanie (12 uncji) topionego niebieskiego cukierka (o smaku waniliowym)
- 1 opakowanie (12 uncji) różowych cukierków (o smaku waniliowym)

INSTRUKCJE:
a) Połóż długi arkusz woskowanego papieru na blasze z ciasteczkami i odłóż go na bok.
b) Umieść całe ciastka Oreo w robocie kuchennym i pulsuj, aż zostaną drobno zmiażdżone. Alternatywnie, jeśli nie masz robota kuchennego, możesz umieścić ciasteczka Oreo w dużej torebce Ziploc, zamknąć ją i pokruszyć ciasteczka wałkiem do drobnego rozdrobnienia.
c) Dodaj kawałki serka śmietankowego do pokruszonych ciastek Oreo i pulsuj w robocie kuchennym, aż mieszanina zostanie równomiernie zwilżona, tworząc „ciasto", które jest całkowicie połączone.
d) Wyjmij mieszaninę i uformuj ją w 1-calowe kulki, a następnie umieść je na przygotowanej blasze z ciasteczkami. Mogą być brudne, ale to jest w porządku.
e) Włóż trufle do zamrażarki na około pół godziny (lub dłużej).
f) Rozpuść czekoladę zgodnie z instrukcją na opakowaniu. Jeśli używasz dwóch kolorów, rozpuść główny, w którym maczasz trufle. Unikaj przypalania. Jeśli używasz kuchenki mikrofalowej, rób to w odstępach 20-30 sekund na połowie mocy, za każdym razem mieszając.
g) Wyjmij trufle z zamrażarki, w razie potrzeby nadaj im kształt rękami i zanurz je w roztopionej czekoladzie za pomocą widelca, dwóch widelców lub wykałaczki. Upewnij się, że są równomiernie pokryte i pozwól, aby nadmiar czekolady spłynął.
h) Połóż trufle z powrotem na blasze do pieczenia i poczekaj, aż czekolada zastygnie.

i) Jeśli używasz drugiego koloru, rozpuść czekoladę, gdy druga czekolada już zastygnie na truflach. Skropić wierzch za pomocą zamykanej torebki z odciętym rogiem lub w dowolny preferowany sposób.

j) Przechowuj trufle pod przykryciem w szczelnym pojemniku w lodówce, aż będą gotowe do podania. Dobrze też zamrażają.

59. Makaroniki z watą cukrową

SKŁADNIKI:
MAKARONY Z WATY CUKIEROWEJ
- ½ szklanki + 2 łyżki bardzo drobnej mąki migdałowej – blanszowanej
- ½ szklanki cukru pudru
- Około 2 dużych białek (55 g) dojrzałych jaj
- Opcjonalnie: szczypta kremu z kamienia nazębnego
- ¼ szklanki + 1 łyżeczka cukru kryształu
- Opcjonalnie: barwnik spożywczy w żelu

DO LUKU Z Waty CUKIEROWEJ
- ¼ szklanki niesolonego masła, temperatura pokojowa
- 1 łyżeczka ekstraktu waniliowego lub pasty z ziaren wanilii
- ⅛ łyżeczki soli
- 1 łyżeczka ekstraktu z waty cukrowej
- Opcjonalnie: różowy barwnik spożywczy w żelu
- 1 szklanka cukru pudru
- 2 łyżeczki gęstej śmietanki

INSTRUKCJE:
MAKARONY Z WATY CUKIEROWEJ

a) Przesiej 70 g mąki migdałowej bardzo drobnej i 63 g cukru pudru do dużej miski i odłóż na bok.

b) Wlać 55 g dojrzałych białek do miski miksera z trzepaczką i miksować na średnich obrotach, aż na powierzchni białek pojawią się małe bąbelki. Dodaj szczyptę kamienia nazębnego i kontynuuj mieszanie, aż uzyskasz miękki szczyt.

c) Do jajek dodać 55 g granulowanego cukru i miksować na średnich obrotach przez 30 sekund. W razie potrzeby dodaj w tym momencie różowy barwnik spożywczy w żelu, a następnie zwiększ prędkość mieszania do średnio-wysokiej. Kontynuuj mieszanie, aż utworzą się sztywne, błyszczące szczyty.

d) Włóż suche składniki do bezy w dwóch porcjach, wykonując okrężne ruchy, aż gruba wstęga ciasta zacznie spływać po szpatułce po jej podniesieniu. Uważaj, aby nie wymieszać ciasta za mocno!

e) Wlać ciasto do dużego rękawa cukierniczego wyposażonego w średniej wielkości okrągłą końcówkę do wyciskania i wyciskać krążki o średnicy 1 ¼ cala na przygotowanych blachach do pieczenia, zachowując odstępy około 1 cala od siebie.

f) Uderz mocno patelnią o blat kilka razy, aby uwolnić pęcherzyki powietrza, a następnie wykałaczką wybij pozostałe pęcherzyki powietrza, które wypłyną na powierzchnię.

g) Odstaw makaroniki na 30 minut, aby skórka wyrosła. Po uformowaniu się skórki makaroniki powinny wyglądać na matowe.

h) Gdy makaroniki odpoczywają, rozgrzej piekarnik do 300 F.

i) Piecz po jednej blaszce makaroników na środkowej półce piekarnika przez 16-17 minut i obracaj patelnię w połowie czasu.

j) Wyjmij makaroniki z piekarnika i pozwól im ostygnąć na blasze (około 15 minut), a następnie delikatnie wyjmij je z maty silpat.

LUK Z WATYNY CUKIEROWEJ

k) Ubijaj 56 g masła o temperaturze pokojowej na średniej prędkości przez 1-2 minuty za pomocą końcówki do ubijania, aż masa stanie się jaśniejsza i gładka.

l) Zmieszaj 4 g ekstraktu waniliowego, 1 g soli, 4 g ekstraktu z waty cukrowej i kroplę różowego barwnika spożywczego w żelu, pracując na niskiej prędkości.

m) Powoli, na niskich obrotach, dodaj 125 g cukru pudru i 10 g gęstej śmietanki.

n) Kontynuuj mieszanie na niskim poziomie przez kilka minut, aż składniki zostaną całkowicie połączone i osiągnięta zostanie pożądana konsystencja.

o) Jeśli lukier jest zbyt gęsty, dodaj dodatkową śmietankę lub mleko (1 łyżeczka na raz). Jeśli lukier jest zbyt rzadki, dodaj więcej cukru pudru (1 łyżka stołowa na raz).

p) Umieścić w rękawie cukierniczym z małą końcówką francuską i odstawić.

MONTAŻ TYCH MAKARONÓW Z Waty CUKIEROWEJ

q) Wyciśnij grubą porcję kremu z waty cukrowej lub wybranego lukru wokół jednej skorupki makaronika. Delikatnie dociśnij drugą muszlę do wierzchu lukru, aby utworzyć kanapkę.

r) Gotowe makaroniki włóż do hermetycznego pojemnika i wstaw do lodówki na noc, a następnie pozwól im ogrzać się do temperatury pokojowej i ciesz się smakiem!

60.Ciasto z watą cukrową

SKŁADNIKI:

- 1 opakowanie mieszanki na białe ciasto (lub Twój ulubiony przepis na białe ciasto)
- ¼ do ½ łyżeczki aromatu waty cukrowej (dostosuj do smaku)
- 2 pudełka mieszanki budyniowej instant z białą czekoladą
- 3 szklanki mleka
- 1 duży pojemnik na chłodną bicz
- 1 opakowanie waty cukrowej
- Barwnik spożywczy

INSTRUKCJE:

a) Przygotuj ciasto zgodnie z instrukcją na pudełku lub przepisem.
b) Dodaj ¼ do ½ łyżeczki aromatu waty cukrowej do ciasta i wymieszaj.
c) Wlać ciasto do natłuszczonej lub posmarowanej sprayem formy o wymiarach 13 x 9 cali i piec zgodnie z instrukcją lub przepisem.
d) Pozostaw ciasto do ostygnięcia na kratce tylko na 5-10 minut.
e) Grzbietem drewnianej łyżki zrób dziury w cieście.
f) W misce wymieszaj dwa małe pudełka mieszanki budyniowej instant i 3 szklanki mleka.
g) Do mieszanki budyniowej dodaj barwnik spożywczy, marmurkując kolory. Pracuj szybko, aby budyń nie zgęstniał przed wylaniem.
h) Szybko wylej masę budyniową na ciasto, równomiernie ją rozprowadzając.
i) Ciasto schłodzić w lodówce przez około godzinę.
j) Schłodzone ciasto przykryj chłodną bitą.
k) Tuż przed podaniem posyp ciasto watą cukrową.

61.Krem z waty cukrowej topi się

SKŁADNIKI:

- 4 uncje sera śmietankowego
- ¾ łyżeczki mieszanki smakowej Frosting Creations o smaku waty cukrowej
- 3 szklanki cukru pudru
- 2 łyżki drobnego cukru

INSTRUKCJE:

a) Do miski miksującej włóż serek śmietankowy i ¾ łyżeczki aromatu; Mieszaj, aż będzie gładka i wymieszana.

b) Stopniowo dodawaj cukier puder; Mieszaj, aż mieszanina stanie się sztywną, gęstą konsystencją, przypominającą ciasto na ciasto – nie mieszaj zbyt długo.

c) Wyjmij mieszaninę z miski i uformuj małe kulki o wielkości od ½ cala do ¾ cala.

d) Obtocz kulki w bardzo drobnym cukrze; Następnie ułóż na blasze wyłożonej papierem woskowanym.

e) Lekko spłaszcz kulki grzbietem łyżki, tworząc kotlety o grubości ¼ cala.

f) Pokrój spłaszczone kulki w kształt zapiekanek, używając noża o średnicy 38 mm (1 ½ cala)

62. Mus z waty cukrowej

SKŁADNIKI:

- 4 uncje serka śmietankowego, temperatura pokojowa
- 2 łyżki syropu z waty cukrowej
- 1 łyżka mleka lub śmietanki
- 1 szklanka cukru pudru
- 8-uncjowa tuba Cool Whip
- Cukierki do dekoracji, opcjonalnie

INSTRUKCJE:

a) W misie miksera wymieszaj serek śmietankowy, syrop i mleko na gładką masę.
b) Powoli ubijaj cukier puder. Następnie złóż Cool Whip.
c) Rozłóż łyżką do 12 szklanek deserowych lub dowolnych małych naczyń do serwowania.
d) Schładzaj co najmniej 3 godziny. Podawać na zimno.

63. Affogato z waty cukrowej

SKŁADNIKI:
- 3 gałki lodów waniliowych
- 1 shot gorącego espresso
- wata cukrowa

INSTRUKCJE:
a) Włóż lody do szerokiej miski.
b) Na wierzch posyp watą cukrową.
c) Wlej gorącą porcję espresso na watę cukrową okrężnymi ruchami, aż się rozpuści.
d) Zjedz natychmiast.

64. Panna Cotta z waty cukrowej

SKŁADNIKI:

- 2 szklanki gęstej śmietanki
- 1/4 szklanki cukru
- 1 łyżeczka ekstraktu waniliowego
- 2 opakowania (około 14g) niesmakowanej żelatyny
- 1/4 szklanki wody
- Wata cukrowa do dekoracji

INSTRUKCJE:

a) W rondlu podgrzej śmietankę z cukrem na średnim ogniu, aż cukier się rozpuści. Zdjąć z ognia i wymieszać z ekstraktem waniliowym.

b) W małej misce zalej wodę żelatyną i odstaw na 5 minut, aby zakwitła.

c) Gdy masa zacznie napływać, wymieszaj żelatynę z ciepłą śmietanką, aż do całkowitego rozpuszczenia.

d) Wlać mieszaninę do szklanek lub foremek.

e) Przechowywać w lodówce przez co najmniej 4 godziny lub do momentu stwardnienia.

f) Przed podaniem udekoruj każdą panna cottę małym kawałkiem waty cukrowej.

65.Pudding ryżowy z watą cukrową

SKŁADNIKI:
- 1 szklanka ryżu Arborio
- 4 szklanki mleka
- 1/2 szklanki cukru
- 1 łyżeczka ekstraktu waniliowego
- Wata cukrowa do posypania

INSTRUKCJE:
a) W dużym rondlu wymieszaj ryż, mleko i cukier.
b) Doprowadzić do wrzenia na średnim ogniu, następnie zmniejszyć ogień do małego i gotować na wolnym ogniu, mieszając od czasu do czasu, aż ryż będzie miękki, a mieszanina zgęstnieje, około 20-25 minut.
c) Zdjąć z ognia i wymieszać z ekstraktem waniliowym.
d) Łyżką nałóż pudding ryżowy do naczyń.
e) Pozostawić do lekkiego ostygnięcia, a następnie tuż przed podaniem posypać każdą porcję dużą ilością waty cukrowej.

66.Ptysie z kremem z waty cukrowej

SKŁADNIKI:
- 1/2 szklanki wody
- 1/4 szklanki niesolonego masła
- 1/2 szklanki mąki uniwersalnej
- 2 duże jajka
- Bita śmietana o smaku waty cukrowej (przygotowana poprzez dodanie aromatu waty cukrowej do bitej śmietany)
- Wata cukrowa do dekoracji

INSTRUKCJE:
a) Rozgrzej piekarnik do 190°C i wyłóż blachę do pieczenia papierem pergaminowym.
b) W rondlu zagotuj wodę i masło.
c) Mieszaj mąkę, aż mieszanina utworzy kulę i zacznie odchodzić od ścianek patelni.
d) Zdjąć z ognia i lekko ostudzić.
e) Wbijaj jajka, jedno po drugim, aż do całkowitego połączenia i uzyskania gładkiego ciasta.
f) Ciasto przełożyć do rękawa cukierniczego z dużą okrągłą końcówką.
g) Wyciskaj małe kopczyki ciasta na przygotowaną blachę do pieczenia.
h) Piec przez 20-25 minut lub do momentu, aż ciasto będzie puszyste i złocistobrązowe.
i) Pozwól ptysiom całkowicie ostygnąć, a następnie wypełnij je bitą śmietaną o smaku waty cukrowej.
j) Przed podaniem udekoruj małym kawałkiem waty cukrowej na każdym kremowym ptysiku.

67. Fantazyjne pastelowe jabłka z waty cukrowej

SKŁADNIKI:
- 6 średnich jabłek Granny Smith (lub inna wersja, umytych, osuszonych i usuniętych łodyg)
- 3 szklanki (600 g / 1 funt + 5 uncji) granulowanego cukru
- 1 szklanka (237 ml) wody
- 1/2 szklanki (118 ml) jasnego syropu kukurydzianego
- 1 butelka (3/4 łyżeczki / 3,75 ml) olejku o smaku waty cukrowej
- 2 łyżki (30 ml) jasnobiałego, miękkiego żelowego barwnika spożywczego plus 2-3 dodatkowe kolory do wyboru
- Wata cukrowa
- Brokat/kropki do wyboru

INSTRUKCJE:

a) Blachę do pieczenia wyłóż silikonową matą do pieczenia lub posmaruj tłuszczem.
b) Włóż patyczki ciasteczek do około 3/4 wysokości w każde jabłko, uważając, aby nie wyszły na dno.
c) W średnim rondlu o grubym dnie wymieszaj cukier, wodę i syrop kukurydziany. Posmaruj boki rondla wilgotną szczoteczką do ciasta, aby usunąć zbłąkane kryształki cukru.
d) Postaw rondelek na średnim ogniu i załóż termometr cukierniczy, tak aby nie dotykał dna rondelka.
e) Pozwól mieszaninie gotować się w spokoju, aż termometr osiągnie 302°F (etap twardego pęknięcia). Przygotuj olej smakowy i barwniki podczas gotowania mieszaniny.
f) Gdy powłoka cukierka osiągnie temperaturę 302°F, zdejmij z ognia i wymieszaj olejek smakowy, a następnie biały barwnik, używając żaroodpornej gumowej szpatułki.
g) Szybko dodaj krople wybranego koloru żelu spożywczego, bez mieszania, obracając rondelkiem raz lub dwa razy, aby uzyskać marmurkowe kolory.
h) Przechyl rondelek tak, aby powłoka zebrała się na jedną stronę, a następnie zanurz/zakręć każde jabłko, aż będzie całkowicie pokryte. Pozwól, aby nadmiar powłoki spłynął z powrotem do rondla, a następnie połóż pokryte jabłka na przygotowanej blasze do pieczenia.
i) Gdy będziesz gotowy do podania, nakłuj jedną lub dwie waty cukrowej na każdym patyku na wierzchu jabłek. Udekoruj posypką lub brokatem według uznania.
j) Opcjonalnie: jeśli używasz wzorzystych słomek papierowych, nasuń je na patyczki i przytnij ich wierzchołki, aby dopasować je do wysokości patyczka.

68.Popsicles z waty cukrowej

SKŁADNIKI:
- Syrop o smaku waty cukrowej
- 2 szklanki mleka
- 1/4 szklanki cukru
- Wata cukrowa do dekoracji

INSTRUKCJE:
a) W misce wymieszaj syrop aromatyzujący z waty cukrowej, mleko i cukier, aż dobrze się połączą.
b) Wlać mieszaninę do foremek na lody.
c) Włóż patyczki do lodów i zamrażaj, aż staną się twarde, około 4-6 godzin lub przez noc.
d) Po zamrożeniu wyjmij lody z foremek.
e) Przed podaniem udekoruj każdy lody kawałkiem waty cukrowej.

69. Deser Burrito z watą cukrową

SKŁADNIKI:
- Nić cukrowa
- Lody (zalecany smak waty cukrowej)
- Posypka
- Pianki

INSTRUKCJE:
a) Postępuj zgodnie z instrukcjami pakowania cukru Floss, aby przygotować porcję waty cukrowej.
b) Gdy wata cukrowa będzie już gotowa, ostrożnie spłaszcz ją, nadając jej kształt przypominający tortillę, upewniając się, że ma grubość co najmniej ½ cala.
c) Obficie pokryj spłaszczoną watę cukrową obficie warstwą posypki i pianek marshmallow, tworząc przyjemną barierę pomiędzy watą cukrową a zbliżającymi się lodami.
d) Nałóż ulubiony smak lodów na posypaną watę cukrową, tworząc słodki rdzeń.
e) Posyp lody bardziej kolorowymi dodatkami, aby zapewnić atrakcyjne wizualnie wykończenie.
f) Zwiń połączenie waty cukrowej i lodów jak burrito, tworząc hipnotyzujący wir kolorów i faktur.
g) Przed podaniem przekrój Burrito z watą cukrową na pół, odsłaniając pokłady słodkiej dobroci.

70.Dipsy do naleśników z waty cukrowej

SKŁADNIKI:
- Ciasto naleśnikowe
- Syrop o smaku waty cukrowej
- syrop klonowy

INSTRUKCJE:
a) Przygotuj swoje ulubione ciasto naleśnikowe zgodnie z przepisem lub instrukcją na opakowaniu.
b) Do ciasta naleśnikowego dodaj kilka kropli syropu aromatyzującego watę cukrową.
c) Rozgrzej patelnię grillową lub patelnię z powłoką nieprzywierającą na średnim ogniu.
d) Na patelnię wylewaj małe kółka ciasta, formując mini naleśniki.
e) Smaż, aż na powierzchni pojawią się bąbelki, następnie przewróć i smaż z drugiej strony na złoty kolor.
f) Podawaj mini naleśniki z syropem klonowym do maczania i udekoruj watą cukrową, aby uzyskać dodatkową słodycz.

71.Wata cukrowa

SKŁADNIKI:
- 1 opakowanie mieszanki budyniowej waniliowej
- 2 szklanki zimnego mleka
- Syrop o smaku waty cukrowej
- Bita śmietana
- Wata cukrowa do dekoracji
- Kostki ciasta (kupne lub domowe)
- Truskawki

INSTRUKCJE:
a) Przygotuj budyń waniliowy zgodnie z instrukcją na opakowaniu, używając zimnego mleka.
b) Do budyniu dodaj kilka kropli syropu aromatyzującego watę cukrową, aż składniki dobrze się połączą.
c) W drobnym naczyniu lub osobnych szklankach układaj warstwy kostek ciasta, budyń o smaku waty cukrowej, truskawki i bitą śmietanę.
d) Powtarzaj warstwy, aż naczynie lub szklanki zostaną wypełnione.
e) Przed podaniem udekoruj bitą śmietaną i udekoruj watą cukrową.

72.Rolada z waty cukrowej

SKŁADNIKI:

- 3 jajka
- 3/4 szklanki cukru
- 1 łyżeczka ekstraktu waniliowego
- 3/4 szklanki mąki uniwersalnej
- 1 łyżeczka proszku do pieczenia
- 1/4 łyżeczki soli
- Cukier puder do posypania
- Syrop o smaku waty cukrowej
- Bita śmietana
- Wata cukrowa do dekoracji

INSTRUKCJE:

a) Rozgrzej piekarnik do 190°C i wyłóż blaszkę z galaretką papierem pergaminowym.
b) W misce ubić jajka, cukier i ekstrakt waniliowy, aż masa będzie gęsta i jasna.
c) W osobnej misce wymieszaj mąkę, proszek do pieczenia i sól.
d) Stopniowo dodawaj suche składniki do masy jajecznej, aż się połączą.
e) Ciasto wlać do przygotowanej formy i równomiernie rozprowadzić.
f) Piec przez 10-12 minut lub do momentu, aż ciasto odskoczy po lekkim dotknięciu.
g) Natychmiast rozluźnij brzegi ciasta i wyłóż je na czysty ręcznik kuchenny posypany cukrem pudrem.
h) Zwiń ciasto ręcznikiem i pozostaw do całkowitego ostygnięcia.
i) Rozwiń ciasto i posmaruj syropem o smaku waty cukrowej.
j) Na ciasto wyłóż bitą śmietanę i ponownie zwiń.
k) Przed podaniem udekoruj watą cukrową.

73. Sernik z waty cukrowej

SKŁADNIKI:
DO SKORUPY:
- 2 szklanki okruszków krakersów graham
- ½ szklanki roztopionego, niesolonego masła
- ¼ szklanki granulowanego cukru

NA SERNIK:
- 4 opakowania (32 uncje) serka śmietankowego, zmiękczonego
- 1 ¼ szklanki granulowanego cukru
- 4 duże jajka
- 1 szklanka kwaśnej śmietany
- ½ szklanki aromatu waty cukrowej lub syropu z waty cukrowej
- Różowy barwnik spożywczy (opcjonalnie)
- Posypka konfetti dodaje dodatkowego koloru

NA polewę:
- Wata cukrowa do dekoracji
- Bita śmietana (opcjonalnie)
- Dodatkowe posypki konfetti zapewniają żywe wykończenie

INSTRUKCJE:
a) Rozgrzej piekarnik do 163°C (325°F).
b) W misce wymieszaj okruchy krakersa graham, roztopione masło, cukier i posypkę konfetti, aż dobrze się połączą.
c) Wciśnij mieszaninę na dno 9-calowej tortownicy, aby utworzyć skórkę.
d) Ciasto pieczemy w nagrzanym piekarniku przez 10 minut. Wyjąć i ostudzić, przygotowując nadzienie sernikowe.

PRZYGOTOWAĆ NADZIENIE SERNIKOWE:
e) W dużej misce ubijaj ser śmietankowy, aż będzie gładki i kremowy.
f) Dodać cukier i dalej ubijać, aż składniki dobrze się połączą.
g) Dodawaj jajka, jedno po drugim, dobrze ubijając po każdym dodaniu.
h) W razie potrzeby wymieszaj śmietanę, aromat waty cukrowej i różowy barwnik spożywczy. Upewnij się, że wszystko jest dobrze połączone i delikatnie dodaj posypkę konfetti.

Upiecz sernik:
i) Na spód wylewamy nadzienie sernikowe.

j) Piec w nagrzanym piekarniku przez 1 godzinę lub do momentu, aż środek się zetnie, a wierzch będzie lekko złocisty.
k) Pozostaw sernik do wystudzenia w piekarniku przy uchylonych drzwiczkach na około godzinę.
l) Po ostygnięciu sernik wkładamy do lodówki na co najmniej 4 godziny lub na całą noc.

GÓRA I PODANIE:
m) Przed podaniem posyp sernik watą cukrową, aby nadać mu fantazyjny akcent.
n) Opcjonalnie możesz dodać bitą śmietanę na brzegach i posypać dodatkową posypką konfetti, aby uzyskać jeszcze bardziej świąteczny charakter.
o) Krój, podawaj i ciesz się smakiem.

LURY I GLAZURY

74. Lukier z waty cukrowej i serka śmietankowego

SKŁADNIKI:
- 8 uncji serka śmietankowego, zmiękczonego
- 1/2 szklanki niesolonego masła, zmiękczonego
- 4 szklanki cukru pudru
- 1/4 szklanki syropu aromatyzującego watę cukrową
- Wata cukrowa do dekoracji

INSTRUKCJE:
a) W misce miksującej wymieszaj miękki serek śmietankowy i masło na gładką masę.
b) Stopniowo dodawaj cukier puder, miksuj, aż składniki dobrze się połączą i uzyskają kremową konsystencję.
c) Mieszaj syrop aromatyzujący z waty cukrowej, aż do całkowitego połączenia.
d) Gdy ciasto lub babeczki ostygną, posmaruj je kremowym lukrem z waty cukrowej.
e) Przed podaniem udekoruj kawałkami waty cukrowej, aby uzyskać fantazyjny akcent.

75. Lukier z waty cukrowej i kremem maślanym

SKŁADNIKI:

- 1 szklanka niesolonego masła, zmiękczonego
- 4 szklanki cukru pudru
- 1/4 szklanki mleka
- 1/4 szklanki syropu aromatyzującego watę cukrową
- Wata cukrowa do dekoracji (opcjonalnie)

INSTRUKCJE:

a) W misce miksującej ubić miękkie masło na kremową masę.
b) Stopniowo dodawaj cukier puder, po filiżance na raz, dokładnie ubijając po każdym dodaniu.
c) Zmieszaj mleko i syrop aromatyzujący z waty cukrowej, aż masa będzie gładka i puszysta.
d) W razie potrzeby udekoruj małymi kawałkami waty cukrowej.
e) Służy do mrożenia ciast, babeczek i ciasteczek.

76. Glazura z waty cukrowej

SKŁADNIKI:
- 1 szklanka cukru pudru
- 2-3 łyżki mleka
- 2 łyżki syropu o smaku waty cukrowej
- Wata cukrowa do dekoracji (opcjonalnie)

INSTRUKCJE:
a) W małej misce wymieszaj cukier puder, mleko i syrop aromatyzujący z waty cukrowej, aż masa będzie gładka.
b) Dostosuj konsystencję, dodając więcej mleka, jeśli jest za gęsta lub więcej cukru pudru, jeśli jest za rzadka.
c) Posmaruj glazurą ciasta, pączki lub ciastka.
d) W razie potrzeby udekoruj małymi kawałkami waty cukrowej.

77. Krem maślany na bezie szwajcarskiej z watą cukrową

SKŁADNIKI:

- 4 duże białka jaj
- 1 szklanka granulowanego cukru
- 1 1/2 szklanki niesolonego masła, zmiękczonego
- 1/4 szklanki syropu aromatyzującego watę cukrową
- Wata cukrowa do dekoracji (opcjonalnie)

INSTRUKCJE:

a) W żaroodpornej misce wymieszaj białka z cukrem.
b) Miskę postaw na garnku z gotującą się wodą tak, aby dno miski nie dotykało wody.
c) Ciągle ubijaj, aż cukier całkowicie się rozpuści, a mieszanina osiągnie temperaturę 160°F (71°C) na termometrze cukierniczym.
d) Zdejmij z ognia i przenieś mieszaninę do miksera stacjonarnego wyposażonego w końcówkę do ubijania.
e) Ubijaj na dużej prędkości, aż powstanie sztywna piana, a mieszanina ostygnie do temperatury pokojowej.
f) Stopniowo dodawaj miękkie masło, po kilka łyżek na raz, cały czas ubijając na średnio-wysokiej prędkości.
g) Gdy całe masło zostanie włączone, wymieszaj syrop aromatyzujący z waty cukrowej, aż masa będzie gładka i puszysta.
h) W razie potrzeby udekoruj małymi kawałkami waty cukrowej.
i) Służy do mrożenia ciast lub babeczek.

78. Glazura z waty cukrowej z białą czekoladą

SKŁADNIKI:
- 1 szklanka kawałków białej czekolady
- 2 łyżki mleka
- 2 łyżki syropu o smaku waty cukrowej
- Wata cukrowa do dekoracji (opcjonalnie)

INSTRUKCJE:
a) W misce przystosowanej do kuchenki mikrofalowej podgrzewaj kawałki białej czekolady i mleko w 30-sekundowych odstępach, mieszając pomiędzy nimi, aż się rozpuszczą i będą gładkie.
b) Mieszaj syrop aromatyzujący z waty cukrowej, aż dobrze się połączy.
c) Jeśli lukier jest zbyt gęsty, dodawaj więcej mleka, po 1 łyżce na raz, aż do uzyskania pożądanej konsystencji.
d) Posmaruj glazurą ciasta, ciasteczka lub ciastka.
e) W razie potrzeby udekoruj małymi kawałkami waty cukrowej.

79. Wata cukrowa Lukier Królewski

SKŁADNIKI:

- 2 szklanki cukru pudru
- 2 łyżki proszku bezowego
- 3 łyżki wody
- 1/4 szklanki syropu aromatyzującego watę cukrową
- Wata cukrowa do dekoracji (opcjonalnie)

INSTRUKCJE:

a) W misce wymieszaj cukier puder i proszek bezowy.
b) Stopniowo dodawaj wodę i syrop aromatyzujący z waty cukrowej, mieszaj, aż masa będzie gładka i błyszcząca.
c) Jeśli lukier jest zbyt gęsty, dodaj więcej wody, po 1 łyżeczce na raz, aż do uzyskania pożądanej konsystencji.
d) Lukier przełożyć do rękawa cukierniczego z małą okrągłą końcówką.
e) Służy do dekoracji ciasteczek, ciast i innych wypieków.
f) W razie potrzeby udekoruj małymi kawałkami waty cukrowej.

80. Ganasz z waty cukrowej

SKŁADNIKI:

- 1 szklanka gęstej śmietanki
- 8 uncji białej czekolady, posiekanej
- 1/4 szklanki syropu aromatyzującego watę cukrową
- Wata cukrowa do dekoracji (opcjonalnie)

INSTRUKCJE:

a) W rondlu podgrzej ciężką śmietankę na średnim ogniu, aż zacznie się gotować.
b) Do żaroodpornej miski włóż posiekaną białą czekoladę.
c) Gorącą śmietanką zalać białą czekoladę i odstawić na 2-3 minuty, aby czekolada zmiękła.
d) Delikatnie wymieszaj mieszaninę, aż czekolada całkowicie się rozpuści i będzie gładka.
e) Mieszaj syrop aromatyzujący z waty cukrowej, aż dobrze się połączy.
f) Zanim użyjesz ganache jako glazury lub lukieru, poczekaj, aż nieco ostygnie.
g) W razie potrzeby udekoruj małymi kawałkami waty cukrowej, zanim ganache zastygnie.
h) Użyj ganache do skropienia ciast, babeczek lub deserów, aby uzyskać pyszny smak waty cukrowej.

NAPOJE

81. Martini z waty cukrowej

SKŁADNIKI:
- 1 ½ uncji wódki waniliowej
- 1 uncja wódki malinowej
- 1 ½ uncji syropu z waty cukrowej
- 1 uncja pół na pół

INSTRUKCJE:
a) Obrysuj schłodzony kieliszek do martini lub coupe cukrem pudrem.
b) Napełnij shaker lodem i dodaj składniki koktajlu.
c) Shaker przykryć i potrząsać, aż mieszanina ostygnie.
d) Koktajl przecedzić do przygotowanego kieliszka.
e) Udekoruj cukierkami.

82.Margarita z waty cukrowej

SKŁADNIKI:
- 15 gramów waty cukrowej + mała porcja do dekoracji
- ½ uncji soku z limonki (około ½ limonki)
- Cukier do rimmingu
- 1 uncja tequili Blanco
- 1 uncja potrójnej sekundy
- 1 uncja wódki UV Cake

INSTRUKCJE:
a) Napełnij shaker do połowy lodem.
b) Do shakera dodaj 15 gramów waty cukrowej.
c) Do shakera dodaj sok z limonki.
d) Połówką przeterminowanej limonki zwilżyć brzeg szklanki i obsypać cukrem.
e) Napełnij szklankę lodem.
f) Do shakera koktajlowego dodaj pozostałe składniki.
g) Wstrząsaj energicznie przez piętnaście sekund.
h) Odcedź, udekoruj małą porcją waty cukrowej i podawaj.

83. Shoty z waty cukrowej i koktajlami mlecznymi

SKŁADNIKI:

- 2 litry lodów waniliowych LUB lodów z waty cukrowej
- 1 ½ szklanki waty cukrowej (dowolny kolor)
- ½ szklanki zimnego mleka, plus więcej w razie potrzeby
- 1 łyżeczka ekstraktu waniliowego
- ¼-½ szklanki wódki (opcjonalnie)
- Wata cukrowa, do dekoracji
- Roztopiona biała czekolada (opcjonalnie)
- Posypka (opcjonalnie)

INSTRUKCJE:

a) Aby ozdobić szklankę posypką, zanurz każdy kieliszek w roztopionej białej czekoladzie, a następnie obtocz w posypce. Umieścić w zamrażarce.
b) W blenderze połącz lody, watę cukrową, mleko, wanilię i wódkę (jeśli używasz). Mieszaj, aż będzie gładka.
c) Podziel koktajl mleczny na 6 kieliszków.
d) Każdą porcję posyp watą cukrową i natychmiast wypij.

84.Kawa z waty cukrowej

SKŁADNIKI:

- 2 shoty espresso
- 1 szklanka mleka
- 1 garść kostek lodu
- 1 garść waty cukrowej

INSTRUKCJE:

a) Do szklanki z kostkami lodu wlej wybraną ilość mleka.
b) Delikatnie uformuj watę cukrową w kulkę nieco większą niż górna część szklanki. Wbij szpikulec w środek waty cukrowej i oprzyj go na szkle.
c) Powoli wlewaj gorące espresso na watę cukrową.
d) Dobrze wymieszaj i natychmiast podawaj. Rozkoszuj się rozkosznym połączeniem słodyczy kawy i waty cukrowej.

85. Frappuccino z waty cukrowej

SKŁADNIKI:

- 1 szklanka lodu
- 1 szklanka mleka
- 3 szklanki lodów waniliowych
- 2 łyżki syropu malinowego
- Bita śmietana
- Syrop kukurydziany
- Białe posypki

INSTRUKCJE:

a) Na papierowy ręcznik nałóż niewielką ilość syropu kukurydzianego i delikatnie przetrzyj brzegi dwóch szklanek. Nałóż posypkę na felgi lub zanurz felgi w posypce rozłożonej na talerzu. Odłożyć na bok.
b) W blenderze połącz lód, mleko, lody i syrop malinowy. Mieszaj, aż będzie gładka.
c) Wlać mieszaninę do przygotowanych szklanek.
d) Udekoruj bitą śmietaną i podawaj.

86.Koktajl z waty cukrowej jagodowej

SKŁADNIKI:
- 2 uncje wódki waniliowej
- 3 uncje soku żurawinowego
- ½ uncji prostego syropu truskawkowego
- ½ uncji świeżo wyciśniętego soku z cytryny
- lód
- Różowa wata cukrowa do dekoracji

INSTRUKCJE:
a) Do shakera dodaj lód, wódkę waniliową, sok żurawinowy, syrop cukrowy truskawkowy i sok z cytryny.
b) Wstrząsnąć, aby się ochłodzić.
c) Przecedź do szklanki typu rocks nad świeżym lodem.
d) Udekoruj puchem różowej waty cukrowej.

87.Wiśniowy koktajl z waty cukrowej

SKŁADNIKI:
- 1 duża puszysta biała, czerwona lub różowa wata cukrowa
- 2 uncje wódki wiśniowej
- 1 uncja grenadyny
- lód
- Soda cytrynowo-limonkowa do uzupełnienia
- Wiśnie do dekoracji

INSTRUKCJE:
a) W szklance typu highball napełnij do trzech czwartych watą cukrową.
b) Wypełnij pozostałą przestrzeń lodem.
c) Dodaj lód, wódkę wiśniową i grenadynę.
d) Mieszaj krótko do wymieszania.
e) Całość uzupełnij sodą cytrynowo-limonkową.
f) Udekoruj wiśniami.

88. Marzycielskie Martini z watą cukrową

SKŁADNIKI:

- 1 ½ uncji różu
- 1 uncja Aperolu
- 1 uncja lemoniady
- lód
- Wata cukrowa do dekoracji

INSTRUKCJE:

a) Schłodź kieliszek do martini lub coupe.
b) Do shakera dodaj lód, róż, aperol i lemoniadę.
c) Wstrząsnąć, aby się ochłodzić.
d) Przecedzić do schłodzonego szkła.
e) Udekoruj watą cukrową.

89. Wróżka Floss Martini

SKŁADNIKI:
- 2 uncje wódki waniliowej
- 1 uncja soku z arbuza
- ½ uncji soku z granatów
- ½ uncji świeżo wyciśniętego soku z cytryny
- lód
- Wata cukrowa do dekoracji

INSTRUKCJE:
a) Schłodź kieliszek do martini lub coupe.
b) W shakerze koktajlowym dodaj lód, wódkę waniliową, sok z arbuza, sok z granatów i sok z cytryny.
c) Wstrząsnąć, aby się ochłodzić.
d) Przecedzić do schłodzonego szkła.
e) Udekoruj watą cukrową.

90.Soda kremowa z waty cukrowej

SKŁADNIKI:
- 1/4 szklanki syropu aromatyzującego watę cukrową
- Soda kremowa
- Kostki lodu
- Wata cukrowa do dekoracji

INSTRUKCJE:
a) Napełnij szklankę kostkami lodu.
b) Do szklanki wlej syrop o smaku waty cukrowej.
c) Napełnij sodą śmietankową.
d) Udekoruj małym kawałkiem waty cukrowej.
e) Delikatnie wymieszaj i ciesz się kremową i słodką kremową watą cukrową!

91. Musujący spritzer z waty cukrowej

SKŁADNIKI:

- 1 uncja ginu
- ½ uncji świeżo wyciśniętego soku z cytryny
- ¼ uncji prostego syropu
- lód
- Na dodatek Prosecco
- Wata cukrowa do dekoracji

INSTRUKCJE:

a) Wyluzuj flet szampana.
b) Do shakera koktajlowego dodaj lód, gin, sok z cytryny i syrop cukrowy.
c) Wstrząsnąć, aby się ochłodzić.
d) Przecedzić do schłodzonego szkła.
e) Dopełnij prosecco.
f) Udekoruj watą cukrową.

92. Koktajle z waty cukrowej Blue Lagoon

SKŁADNIKI:
- Puch z waty cukrowej
- 1 uncja wódki lub białego rumu
- 1 uncja niebieskiego curaçao
- 3 uncje lemoniady
- ½ uncji limoncello
- lód

INSTRUKCJE:
a) Wypełnij szklankę do trzech czwartych wysokości watą cukrową.
b) Wypełnij pozostałą przestrzeń lodem.
c) Do shakera dodaj lód, wódkę, blue curaçao, lemoniadę i limoncello.
d) Wstrząsnąć, aby się ochłodzić.
e) Przecedzić do przygotowanego szkła typu rocks.

93. Gorąca czekolada z watą cukrową

SKŁADNIKI:

- 2 szklanki mleka
- 1/4 szklanki kawałków białej czekolady
- Wata cukrowa do dekoracji

INSTRUKCJE:

a) W rondlu podgrzej mleko na średnim ogniu, aż będzie gorące, ale nie wrzące.
b) Mieszaj, aż kawałki białej czekolady się rozpuszczą i będą gładkie.
c) Gorącą czekoladę wlać do kubków.
d) Tuż przed podaniem udekoruj każdy kubek małym kawałkiem waty cukrowej.
e) Wymieszaj watę cukrową z gorącą czekoladą, aby uzyskać słodką i kremową ucztę.

94.Koktajl mleczny z waty cukrowej

SKŁADNIKI:
- 2 szklanki lodów waniliowych
- 1/2 szklanki mleka
- 1/4 szklanki syropu z waty cukrowej
- Bita śmietana (opcjonalnie)
- Wata cukrowa do dekoracji (opcjonalnie)

INSTRUKCJE:
a) W blenderze połącz lody waniliowe, mleko i syrop z waty cukrowej.
b) Mieszaj, aż masa będzie gładka i kremowa.
c) Wlać do szklanek.
d) Całość posypujemy bitą śmietaną i według uznania dekorujemy watą cukrową.
e) Podawaj natychmiast i ciesz się koktajlem mlecznym z waty cukrowej!

95. Brylant waty cukrowej

SKŁADNIKI:

- 3 uncje wódki
- ½ łyżeczki aromatu waty cukrowej Amoretti
- Do uzupełnienia woda gazowana

DO PRZYBRANIA

- Różowy cukier mielony
- Syrop kukurydziany
- Wata cukrowa

INSTRUKCJE:

a) Najpierw przygotuj filiżanki. Nasmaruj syropem kukurydzianym całą krawędź szklanki i obtocz go w różowym cukrze pudrzem.
b) W shakerze wymieszaj wódkę i aromat waty cukrowej. Dobrze wstrząśnij, aby połączyć.
c) Do przygotowanego kieliszka wlać mieszaninę wódki.
d) Aby uzyskać orzeźwiający mus, uzupełnij koktajl wodą gazowaną.
e) Udekoruj brzeg watą cukrową, aby uzyskać uroczy i fantazyjny akcent.
f) Rozkoszuj się koktajlem z waty cukrowej!

96. Wata cukrowa Soda ananasowa

SKŁADNIKI:
- 1 szklanka napoju gazowanego cytrynowo-limonkowego
- 1/4 szklanki soku ananasowego
- 1/4 szklanki syropu aromatyzującego watę cukrową
- Kostki lodu
- Wata cukrowa do dekoracji

INSTRUKCJE:
a) Napełnij szklankę kostkami lodu.
b) Na lód wlej sodę cytrynowo-limonkową i sok ananasowy.
c) Mieszaj syrop aromatyzujący z waty cukrowej, aż dobrze się połączy.
d) Udekoruj małym kawałkiem waty cukrowej na brzegu szklanki.
e) Podawaj natychmiast i ciesz się orzeźwiającym koktajlem z waty cukrowej!

97. Mrożona herbata z waty cukrowej

SKŁADNIKI:

- 1 szklanka zaparzonej mrożonej herbaty, schłodzonej
- 1/4 szklanki syropu aromatyzującego watę cukrową
- Kostki lodu
- Wata cukrowa do dekoracji

INSTRUKCJE:

a) W szklance wymieszaj schłodzoną zaparzoną mrożoną herbatę z syropem smakowym z waty cukrowej.
b) Do szklanki dodaj kostki lodu.
c) Mieszaj, aż dobrze się wymiesza.
d) Udekoruj małym kawałkiem waty cukrowej.
e) Podawaj natychmiast i ciesz się słodką i aromatyczną mrożoną herbatą z waty cukrowej!

98.Poncz z waty cukrowej

SKŁADNIKI:

- 2 szklanki soku ananasowego
- 2 szklanki soku żurawinowego
- 1 szklanka napoju gazowanego cytrynowo-limonkowego
- 1/4 szklanki syropu aromatyzującego watę cukrową
- Kostki lodu
- Wata cukrowa do dekoracji

INSTRUKCJE:

a) W dużym dzbanku połącz sok ananasowy, sok żurawinowy, napój gazowany cytrynowo-limonkowy i syrop aromatyzujący z waty cukrowej.
b) Mieszaj, aż dobrze się wymiesza.
c) Dodaj kostki lodu do poszczególnych szklanek.
d) Poncz wylać na lód.
e) Udekoruj każdą szklankę małym kawałkiem waty cukrowej.
f) Podawaj natychmiast i ciesz się żywym i aromatycznym ponczem z waty cukrowej!

99. Lemoniada z waty cukrowej

SKŁADNIKI:

- Lemoniada 1 galon
- 3 łyżki waty cukrowej
- lód

INSTRUKCJE:

a) Do dużego dzbanka wlać lemoniadę.
b) Mieszaj watę cukrową, aż całkowicie rozpuści się w lemoniadzie.
c) Wlać lemoniadę z watą cukrową na lód.
d) Aby zapewnić dodatkową zabawę, posyp watą cukrową tuż przed wypiciem.
e) Pamiętaj, aby dodać go w ostatniej sekundzie, ponieważ szybko się rozpuści.

100. Makieta waty cukrowej

SKŁADNIKI:
DEKORACJE NA OBWĘDZIE KUBEKÓW:
- ćwiartki limonki
- ¼ szklanki posypki lub cukru dekoracyjnego

DRINK:
- 3 uncje wata cukrowa
- 12 uncji. soda cytrynowo-limonkowa

DODATKI:
- 3 uncje z waty cukrowej
- wiśnia opcjonalnie

INSTRUKCJE:
DEKORACYJNA OBRZEŻKA: (OPCJONALNIE)
a) Wytnij plasterek limonki i przekrój go na środku.
b) Nałóż posypkę na mały talerz, na tyle głęboko, aby pokryć brzeg filiżanki.
c) Użyj limonkowego klina, aby zwilżyć brzeg kubka, przesuwając go dookoła.
d) Odwróć filiżankę do góry dnem w talerz z posypką, tak aby pokryła brzeg.

PRZYGOTOWANIE NAPOJU:
e) Ostrożnie umieść trochę waty cukrowej na dnie kubka, dostosowując ilość w zależności od rozmiaru miseczki.
f) Wlej sodę na watę cukrową i obserwuj, jak rozpuszcza się w sodzie.
g) Udekoruj większą ilością waty cukrowej na wierzchu kubka i dodaj słomkę. Upewnij się, że dekoracyjna wata cukrowa nie dotyka cieczy, aby zapobiec szybkiemu rozpuszczeniu.

WNIOSEK

Kiedy dochodzimy do końca „Książki kucharskiej pięknej waty cukrowej", mamy nadzieję, że podobało Ci się odkrywanie kapryśnego świata deserów inspirowanych watą cukrową i odkrywanie nowych sposobów na rozkoszowanie się słodyczami. Od puszystych babeczek i kremowych koktajli mlecznych po dekadenckie ciasteczka i delikatne makaroniki – przepisy zawarte w tej książce kucharskiej oferują kuszący wachlarz słodkich fantazji, które zachwycają i inspirują.

Zachęcamy do eksperymentowania z różnymi smakami, kolorami i technikami, aby stworzyć własne przepisy. W końcu piękno waty cukrowej polega na jej wszechstronności i zdolności pobudzania wyobraźni. Więc nie bój się wykazać kreatywnością i pozwól swoim słodkim snom szaleć.

Dziękujemy, że dołączyłeś do nas w tej pysznej przygodzie. Niech Twoje dni będą wypełnione żywymi smakami, delikatną puszystością i mnóstwem słodkiej przyjemności. Miłego gotowania!

www.ingramcontent.com/pod-product-compliance
Lightning Source LLC
Chambersburg PA
CBHW071328110526
44591CB00010B/1066